中青年经济与管理学者文库

# 支持海南自由贸易试验区（港）建设的税收制度安排

张云华 著

中国财经出版传媒集团
中国财政经济出版社

图书在版编目（CIP）数据

支持海南自由贸易试验区（港）建设的税收制度安排/张云华著.—北京：中国财政经济出版社，2018.12
（中青年经济与管理学者文库）
ISBN 978-7-5095-8675-4

Ⅰ.①支… Ⅱ.①张… Ⅲ.①自由贸易区-税收政策-研究-海南 Ⅳ.①F812.766.042.2

中国版本图书馆 CIP 数据核字（2018）第 263964 号

责任编辑：樊清玉等　　　　　　　　责任校对：徐艳丽

中国财政经济出版社 出版

URL：http：//www.cfeph.cn
E-mail：cfeph@cfeph.cn

（版权所有　翻印必究）

社址：北京市海淀区阜成路甲 28 号　邮政编码：100142
营销中心电话：010-88191537
天猫网店：中国财政经济出版社旗舰店
网址：https：//zgczjjcbs.tmall.com
北京财经印刷厂印刷　各地新华书店经销
880×1230 毫米　32 开　5.625 印张　130 000 字
2018 年 12 月第 1 版　2018 年 12 月北京第 1 次印刷
定价：35.00 元
ISBN 978-7-5095-8675-4
（图书出现印装问题，本社负责调换）
本社质量投诉电话：010-88190744
打击盗版举报热线：010-88191661　QQ：2242791300

# 策划人语

题记：一个人的精神成长史，取决于他的阅读史。只有阅读能最有效地培养精神生活习惯，而好的习惯又培养性格，性格决定人生。

——我们自豪，因为我们就是创造这精神产品的人。

选择了飞翔，总能看到蓝天；选择了远航，总能感受大海。人生不仅要作出选择，也要坚持住自己的选择。学会计、当编辑是我的意外选择。人说编辑是为人做嫁衣，可是这一选择我坚持了27年，苦在其中，乐在其中，也算是有声有色。每当我把一本本好书呈献给人们的时候，我觉得我是"富贵"的人：富，不是你身上的钱财，而是你心里的满足；贵，不是你地位的显赫，而是你被人需要的程度。

**书海探寻，情怀永恒**

我要说，做编辑我幸运，因为我不仅是第一个读者，可以对作品"品头论足"，也可以对作品"生杀予夺"；更重要的是，这是一个很高层次的平台，在多年与名家的交往和名著的"对话"中，深深地为他们的人格和才学所感动，被作品的精彩所吸引，这不仅使我"下笔如有神"，更使我的思想和灵魂也受到一次次洗礼和震撼，得到一次次升华。对于我的作者我的书，如数家珍，作者中不乏才学和为人同样过人的多位泰斗和"颜值高责任大"的众多才子佳人；策划的作品不仅立足专业还兼顾人文，也是情怀所在，专业加人文路才会更宽。

多年的体会是，作为一名编辑，起码要"三心二意"，即"责任心、细心、耐心"和"服务意识、创新意识"。要多策划一些有分量的拳头产品，用一个选题推动一个系统工程，用一个系统工程培养一个出版社品牌。给新入职编辑讲座时我做过一个比喻：编辑两项基本功，审稿——甚至要比博导审批学生论文还要全面、细致；选题策划——要像电影导演一样做"星探"，善于发现优秀作者和挖掘好的原创作品。记不得27年来我策划和编辑了多少书，组织和策划了一大批教材、业务培训用书、通俗读物、理论专著等，有的获得过国家、省部级各类奖项，有的以其填补空白、社会热点、风格新颖、开拓尝试等特点受到读者的欢迎。20世纪90年代我开始自主策划选题，多年来每年都有新丛书问世。比如，21世纪初内部控制研究在国内刚兴起时，策划了《现代内部控制丛书》，其中《企业内部控制管理操作手册》是我鼓励作者将自己饱含心血的经过长期钻研和实践并证明卓有成效的成果奉献付梓，使得更多的人能受益于此，这无疑是对我国内部控制理论探索和实践发展的一种贡献，内部控制选题至今还是热点。2013年的《来去无尘——一位财政部长的生前事》所展现的吴波精神，与深入推进党风廉政建设相得益彰，得到中央领导同志的高度重视和重要批示。中央各大主流媒体纷纷连续报道，掀起了全社会学习吴波高尚情操的热潮。2014年至今的前沿选题《财务云丛书》等也越来越受到业界认可。

### 想是问题，做是答案

众所周知，目前的图书出版业在行业竞争和纸质图书受到严重冲击的情况下，出版人无不感到莫大的危机。在这种背景下，策划一套专业图书是颇感困惑的一件事，风险更大。但即使这样我们也不能因噎废食、停滞不前，还要积极应对，继续发挥纸质图书的固有特质，挖掘出版内容和形式都精彩的原创作品，适应新形势下读者的更高需求。2017年，我们接受新的挑战，开启新的征程，又策划《中青年经济与管理学者文库》《当代税收名家丛书》《中国税务律师系列丛书》《现代管理实务丛书》《高等院校应用型会计人才精细化培养系列教材》等，继续为扶持学术研究和总结最新成果，在高端研究与专业知识普及和应用之间搭建一座座有益的桥梁。

每一个时代的经济环境不同，理论研究和实务探索所需要解决的问题也有所差别。当前我国不仅处于经济结构调整和供给侧改革的攻坚期，同时也处于大数据和互联网突飞猛进的变革期，矛盾叠加，风险交汇，市场环境和组织模式不断演变发展、推陈出新，经济、管理、财税等领域的新理论、新思想、新方法、新工具也层出不穷。乱花渐欲迷人眼，击水三千浪几何？这些领域的研究人员被时代赋予了更艰巨的责任，也面临着更高、更多元的要求，我们不仅要具备更广阔的学术视野，而且要有更严谨的学术思维。

### 输在犹豫，赢在行动

《中青年经济与管理学者文库》的作者，都是我国经济与管理领域的中坚力量,也是未来的大家。他们中有些人潜心从事理论研究,有些人则深耕在实务一线,但无论现实身份如何,视野全都没有被拘泥在"象牙塔"内。他们从不同视角对市场经济的不同要素进行细致审视,然后汇聚于"财经版"这面旗帜之下,相互碰撞,彼此激荡,力求在市场经济转型升级的关键时期留下最新鲜的"中国印记"。

这些经济与管理领域的中青年学者,就是我国市场经济发展的潜力与优势,他们的研究成果,不仅将引领市场经济的各个组成环节向更科学、更先进的方向发展,而且将成为我国政府和企业在未来经济世界扮演更重要角色的支点与动力。祝愿这些中青年学者能攀上更高的学术之山,走向更远的研究之路,也期待宏观、中观、微观各个层面的市场参与者都能从这套文库中得到切实的启发与指引,在全面深化改革、增强发展活力的关键时期,发挥正能量和积极作用,为经济社会发展增添新的动力!

如果您认可,如果您有意愿,欢迎您和您的朋友加盟我们的作者队伍!在中国财经出版传媒集团的"旗舰"下,中国财政经济出版社这"老字号",一定励精图治,谱写新的篇章。我们用"龙的精神,玉的品质"来助力您实现梦想!

策划人:樊清玉

邮箱:qingyuf@sina.com

2017 年春

前　言

2017年10月18日，习近平总书记在党的十九大报告中提出将赋予我国自由贸易试验区更大改革自主权，并探索建设自由贸易港。自由贸易港这一概念提出后，立即在国内外引起广泛关注。2018年4月13日，在海南迎来建省办特区30周年庆典之际，《中共中央国务院关于支持海南全面深化改革开放的指导意见》（以下简称《指导意见》）正式发布，党中央决定支持海南全岛建设自由贸易试验区，支持海南逐步探索、稳步推进中国特色自由贸易港建设，分步骤、分阶段建立自由贸易港政策和制度体系。这是习近平总书记亲自谋划、亲自部署、亲自推动的重大国家战略，也是30年风雨兼程的海南迎来的一次改革开放的重大历史机遇，海南将再一次踏上新时代的新征程，再一次成为展示中国改革开放决心和气魄的大舞台，成为让世人瞩目、令人艳羡的黄金宝地。

目前，海南是我国人口最多、全球面积最大的自由贸易试验区，必将成为新时代我国对话世界的重要窗口。《指导意见》为海南展示了美好的前景：到2020年，自由贸易试验区建设取得重要进展。到2025年，自由贸易港制度初步建立，营商环境达到国内一流水平；生态环境质量继续保持全国领先水平。到2035年，在社会主义现代化建设上走在全国前列；自由贸易港的制度体系和运作模式更加成熟，营商环境跻身全球前列；生态环境质量和资源利用效率居于世界领先水平。到21世纪中叶，建成经济繁荣、社会文明、生态宜居、人民幸福的美好新海南。《指导意见》还明确了海南成为全面深化改革开放试验区、国家生态文明试验区、国际旅游消费中心、国家重大战略服务保障区等四大定位。

这种美好的前景和目标定位，让海南站在了中国改革开放的高地，成为新标杆。建立中国特色自由贸易港，探索更高程度的自由贸易制度，在我国改革开放历程中没有先例可循。然而，海南在迎来这一重大的历史机遇的同时也面临着许多重大的挑战和难题。首先，海南的经济基础还比较薄弱，2017年海南省地区生产总值为4462.5亿元，在全国排名靠后。较为薄弱的经济基础表明海南省地方财力也比较弱，因而在接下来营商环境的建设方面会受到财力的限制。其次，产业基础尚显薄弱，结构有待完善。产业发展是经济发展之基，夯实产业基础、优化产业结构将会成为海南经济持续健康发展的关键。

我国自由贸易试验区以及海南逐步探索、稳步推进中国特色自由贸易港建设肩负着新时代加快政府职能转变、积极探索管理模式创新、促进贸易和投资便利化，为全面深化改革和扩大开放探索新途径、积累新经验的重要使命。因此，开展与之相配套的税制建设是当务之急。本书基于这一背景，在对自由贸易试验区和自由贸易港基本理论和发展历程进行阐述的基础上，梳理我国自由贸易试验区的建设成效，重点是对自由贸易试验区税收制度的安排成效以及可改进之处进行剖析，选择国际上具有代表性的若干国家或地区的自由贸易区或自由贸易港税收制度安排，进行国际比较和经验借鉴。同时，立足于海南自由贸易试验区和中国特色自由贸易港建设的发展定位，提出支持海南自由贸易试验区和中国特色自由贸易港建设的税收制度安排的思路。

张云华

# 第一章　自由贸易试验区（港）建设的理论基础和国际实践 …………（1）
## 第一节　自由贸易试验区和自由贸易港释义 ………（1）
## 第二节　自由贸易试验区（港）建设的国际实践 …（7）

# 第二章　中国自由贸易试验区（港）的建设历程与发展成效 ………………（13）
## 第一节　我国自由贸易试验区（港）的设立与发展 ………………………………………（13）
## 第二节　我国自由贸易试验区建设的成效与问题 …（40）
## 第三节　加快我国自由贸易试验区（港）建设的制度创新——以海南为例 ……………（51）

# 第三章　中国自由贸易试验区现行税收制度效果与问题分析 ………………（60）
## 第一节　中国自由贸易试验区税收制度现状 ………（60）
## 第二节　中国自由贸易试验区税收制度成效 ………（81）

第三节　中国自由贸易试验区税收制度问题 ………（85）

## 第四章　国际自由贸易区（港）税收制度的比较与借鉴
………………………………………………………（90）
第一节　中国香港的经济发展和税收制度 ………（91）
第二节　新加坡自由贸易区的经济发展与税收制度
……………………………………………………（96）
第三节　美国对外自由贸易区的经济发展和税收制度
……………………………………………………（101）
第四节　韩国自由贸易区的经济发展和税收制度 …（106）
第五节　阿联酋自由贸易区的经济发展和税收制度
……………………………………………………（108）
第六节　自由贸易试验区（港）税收制度的国际比较
启示 ……………………………………………（111）

## 第五章　支持海南自由贸易试验区（港）建设的税收制度安排 ………………………………………（114）
第一节　税收政策对海南经济发展的影响 ………（114）
第二节　海南自由贸易试验区（港）税制安排的原则和总体设计 …………………………………（117）
第三节　助力海南经济健康发展的税制安排 ……（124）
第四节　鼓励企业融入世界经济的税制安排 ……（138）
第五节　"互联网+"和大数据时代税收征管的制度创新 …………………………………………（151）

**参考文献** ……………………………………………（165）

# 第一章

# 自由贸易试验区（港）建设的理论基础和国际实践

## 第一节 自由贸易试验区和自由贸易港释义

### 一、自由贸易试验区概念的界定

自由贸易试验区，简称自贸试验区，国际上更多表述为自由贸易区，在英文中有两种含义：

第一是 FTA（全称是 Free Trade Area）。国际经济学的标准解释是指两个或两个以上的国家或地区达成协议，相互取消关税和壁垒而形成的国际经济一体化组织。根据世界贸易组织的解释，自由贸易区实质上是已经取消关税和贸易限制的集团。这种概念其实是跨区域组成的自由贸易区,而区域性安排不仅包括货物贸易自由化,还涉及服务贸易、投资、政府采购、知识产权保护、标准化等更多领域的相互承诺,是一个国家实施多双边合作战略的手段。比如,中国—东盟自由贸易区、北美自由贸易区、中欧自由贸易区、欧盟—拉美自由贸易区等,都是 FTA 的概念。而且,这种自由贸易区是国际经济一体化组织中最基本、最一般的形式,相对递进的其他国际经济一体化形式还有关税同盟、共同市场、货币联盟、经济—政治联盟等。

第二是 FTZ(全称是 Free Trade Zone),是指主权国家或地区的关境以外,划出特定区域,准许他国商品自由进出、减免关税,是国家关境内的特殊海关监管区。1973 年国际海关理事会签订的《关于简化和协调海关业务制度的国际公约》(简称《京都公约》),将这种自由贸易区定义为:"一国的部分领土,运入这部分领土内的任何货物就进口关税及其他各税而言,被认为在关境以外得以豁免,并免于实施惯常的海关监管制度。"而美国关税委员会的定义是:自由贸易区是一个只要进口商品不流入国内市场可免除关税的独立封锁地区。因此,这种概念属于"境内关外"的概念,世界著名的这类区域有阿联酋迪拜、巴拿马科隆、德国汉堡和纽约港等。本书所指的自由贸易试验区是 FTZ 的含义。

## 二、自由贸易港概念的界定

关于自由贸易港的概念在国内外都不十分清晰明了,至今没有形成统一界定。第一是"港"的范围,究竟是海港、河港还是内陆港?第二是"贸易"的定义,指的是货物贸易还是服务贸易?如果把贸易限制在海关监管区内,这种贸易主要是指货物贸易,因为在监管区进行服务贸易会受到限制。然而,按照国际双边和多边协定规则来看,又不仅仅是指货物贸易,还包括服务贸易,有些甚至包括国际投资、专业技术和人才的流动等。第三是"自由"指的是多大程度的自由?是指"一线放开、二线安全高效管住"的自由,还是全面开放服务贸易这种自由,究竟多大程度的开放才是自由贸易港的特征,尚不明确。汪洋副总理曾经在《人民日报》发表署名文章,对自由港有过释义:"自由港是设在一国(地区)境内关外、货物资金人员进出自由、绝大多数商品免征关税的特定区域,是目前全球开放水平最高的特殊经济功能区"。这一定义至少有一点比较明确,就是自由港应建立在自由贸易试验区基础之上,自由贸易港是国际最高标准的对外开放区域。

本书给自由贸易港释义。所谓自由贸易港,简称"自由港"(Free Trade Port,简称FTP),又称"自由口岸",是设在一国(地区)境内关外,货物资金人员进出自由、绝大多数的商品免征关税的特定区域,是当今世界开放度最高的特殊经济功能区。在该区域内,绝大部分外国商品在遵守所在国相关政策法规的前提下,可以自由进出、装卸、储存、包装、销售或者是加工制造,既无须缴纳关税,也无须履行复杂的海关监管手续;此外,资金、人员也能自由进出。

### 三、自由贸易试验区和自由贸易港的区别

#### (一)开放范围不同

自由贸易港开放度要比自由贸易试验区更大,空间范围更广,对经济的带动作用较大。自由贸易港服务全方位,其业务对象范围广泛,逐渐从转口贸易、仓储服务扩展到包括工业、贸易、运输、金融、旅游等多方面的综合服务。无论是货物贸易,还是服务贸易,自由贸易港都能实现实物流、资金流、信息流等

迅速聚集、扩散，资源配置效率极高。

## （二）自由程度不同

自由贸易港的自由内涵丰富。自由贸易港除了商品和服务贸易自由外，自由的内容更加多元，还包括投资自由、资金自由、人员出入境自由等。

第一，商品和服务贸易自由。国际大多数自由贸易港对商品的进出采取不干预政策，完全自由贸易港对所有商品进出自由贸易港都实行免税，有限自由贸易港除了对少数指定出口商品征收关税或实施不同程度的贸易限制，在港区内自由储存、展览、组装、制造、流动和交易。自由港的商品可以流通到消费领域，而自由贸易试验区的不能，只能进入流通和生产领域。第二，资金流动的自由。国际上绝大多数自由贸易港采取较为宽松的金融政策，一般不实施外汇管制，外币可自由兑换、资金可自由进出、结算币种可自由选择，对外国投资给予完全的国民待遇等。第三，人员出入境自由。国际上自由贸易港大都采取宽松、便利的入境政策，包括临时居留证、临时或永久通行证、落地签证、入境免签制度等。办海关手续、卫生检疫以及出入境手续从简、船员可自由登岸等。许多自由贸易港还放宽劳工雇佣条件，取消国籍限制。第四，企业设立自由。外商准入门槛较低，投资负面清单较短，对外资出资比例限制不多或者没有限制，在企业注册上效率更高、注册条件更为宽松、不过多干预企业的日常经营活动。值得一提的是，自由港最鲜明的特色就是"自由"。但是，自由港的"自由"并不是完全的、绝对的自由，它也要服务于国家整体战略要求。

## （三）功能定位不同

自由贸易试验区承担着新时期改革探索的任务，更多的是一种自下而上的探索，试点经验可复制、可推广，有明显的地域性和功能性特征。而自由贸易港作为现阶段最高层次的开放领域，更多是通过贸易红利外溢使港区及周边地区受益，相关的政策探索未必要进行复制和推广。自由贸易港是一种综合性创新，它突破地域的限制，更加注重协调、统一和规范性。自由贸易港的建设目标并不止于贸易自身，一般都会以贸易带动产业。自由贸易港一般把离岸贸易和离岸金融作为抓手，离岸业务是区分自由贸易港和自由贸易试验区最重要的特征。

**（四）监管原则不同**

自由贸易试验区一般坚持"一线放开、区内自由""先进区、后报关"的管理原则。而自由贸易港本着"境内关外"的本质含义，进一步推进，坚持"一线放开、二线安全高效管住"的原则，在确保生态环境安全、经济安全、政治安全的前提下，自由港一线完全放开，监管部门退居二线利用大数据、互联网平台，监控信息流、物流等，找出风险点，逐个突破解决。此外，建立"单一窗口"平台，将海关、检验检疫、外汇、支付等贸易监管部门都纳入这一窗口平台，统一管理，实现集约式、一站化的高效管理。

**（五）对标内容不同**

自由贸易港相比自由贸易试验区实行最高水平的开放政策，自由是它的灵魂与核心。一是高标准规则的对标。引入国际高标准投资贸易规则，在市场准入、监管、金融、税收、人员流动等领域做出一系列特殊的制度安排。二是自由政策的对标。进一步完善投资自由、贸易便利化政策，真正实现"一线放开、二线安全高效管住"。三是要素配置的对标。按照自由贸易港的要求，为人员、资金等要素的自由流动提供良好的发展环境。

**（六）选址具有差别**

区位因素在自由贸易港演变历史中始终起着非常重要的作

用。自由贸易港的建立地域应至少具备以下三大区位优势：一是对外贸易活跃、外贸货物数量较大；二是交通基础设施完善，国际航线交汇多集疏运条件优越，能满足航运业的各类要求；三是容易设置关卡，以便进行管理隔离。具备了这些优势，自由港在空间布局上存在多位性，逐渐实现了由沿海港口向内陆腹地的延伸。

**（七）政策环境不同**

自由贸易港可以享有在关税、金融等诸多方面有利于贸易经济发展的更加开放、更加灵活的优惠政策。例如，新加坡自由港在无条件准入、港内免证免审、登记式备案等方面都体现了全球最自由、最开放的政策，是最符合国际惯例、发展最为成熟的自由港之一。

总之，自由贸易试验区和自由贸易港两个概念存在着自由程度、范围，以及功能定位的差别。按照我国发展路径，自由贸易港将从自由贸易试验区发展而来，本书"支持海南自由贸易试验区（港）的税收制度安排"中的"自由贸易试验区（港）"如果没有特别说明，指的就是"自由贸易试验区和自由贸易港"。而国际上关于这两个概念则按照中华人民共和国商务部官网"走出去"公共服务平台上国别（地区）指南中的统一表述。例如，美国表述为"对外贸易区"，新加坡和韩国等都表述为"自由贸易区"，爱尔兰称为"香农开发区"等，实际上都是FTZ的概念。

**四、自由贸易试验区（港）建设的理论分析**

最早研究自由贸易试验区（港）的理论是经济发展不平衡理论，基本原理是：由于许多国家，经济发展具有不平衡性特点，尤其是发展中国家，为了实现经济的起飞和跨越式发展，在不具备全域范围高度自由化的情况下，可以实现局部区域的高度开放，先行先试，并产生示范作用，带动全域经济的发展。西方一些学者所提出的区域性增长点或增长极理论，认为自由贸易试验区（港）发挥经济辐射的作用明显。当然，这些理论也是建立在实证分析基础上的。

其中，美国经济学家赫尔希曼（Albert Otto Hirschman）就有丰富的研究和理论成果。1957年，赫尔希曼在其《经济发展战略》一书中，提出区域发展非均衡增长的"中心—边缘理论"。"不平等成长学派"认为，发展中国家的政府应当鼓励"非均衡增长"，建立自由贸易园区，实现与国际经济体制和管理的接轨，不仅有利于促进区内及周边地区经济的发展，还可以对全国各地起到示范的作用。这些理论，似乎都在讨论发展中国家的自由贸易试验区（港）建设问题。但从国际上来看，实际上不管是发展中国家还是发达国家，都建有自由贸易试验区（港）。比如，荷兰、阿联酋、新加坡、美国、韩国、日本等都有自由贸易试验区（港）的存在，而且历史悠久，世界闻名。所以自由贸易试验区（港）在国际上受到广泛关注，正在成为各国推进自身开放的重要途径，是开放的一个重要平台。

## 第二节 自由贸易试验区（港）建设的国际实践

自由贸易试验区（港）的战略定位、产业导向、管理模式因国情不同各具特色，大致经历了三个发展阶段，地域分布趋势是从局部性经济发达地区向广泛性发展中地区拓展。

## 一、传统发展阶段

传统发展阶段的自由港作为一种古老的贸易促进政策工具最早发端于欧洲及地中海沿岸国家。早在古希腊的腓尼基时期（前1101—公元241），腓尼基人为了扩大贸易往来，在腓尼基南部海港泰尔及其北非殖民地迦太基两个港口对外国商人提供自由通行政策，普遍被认为是自由港的雏形。1547年，位于意大利热那亚著名港口城市——里窝那城的雷格亨港正式定名为雷格亨自由港，标志着世界上第一个以"贸易自由"为基本特征的真正意义的自由港诞生。受此影响，欧洲其他一些国家的港口城市也纷纷仿效，不断开辟建立自由港，并伴随着帝国主义的殖民扩张出现在亚洲、非洲等殖民地或附属国。19世纪以后逐步从地中海沿岸国家转经波斯湾、印度洋扩散到亚洲国家。为了改变"一战"导致的国际贸易地位不断下降的被动局面，以美国为首的美洲国家在"一战"后亦逐渐开始建立自由港。应该说，自由港是商品经济和海关关税制度不断发展的产物，并随着国际贸易自由化的发展而不断向前发展。此时，自由港的战略地位是利用区位优势或港口便利条件，发挥商品集散中心作用，吸引转口贸易，扩大对外贸易，促进本地经济发展。值得一提的是，传统自由港主要是依"港"建设而命名，其含义和范围与现代自由贸易港存在一定差距。

## 二、现代单一发展阶段

第二次世界大战后，发达国家陆续在港口之外区域拓展为自由贸易区，许多国家和地区先后建立了各种形式的特殊经济区。1936年美国出现第一个对外贸易区即纽约3号，主要功能是从事对外贸易和转口贸易。1958年爱尔兰设立香农出口自由区，被誉为世界上最早从事出口加工的自由贸易区。1966年中国台湾创建高雄出口加工区，使自由贸易区功能扩大到加工制造领域。此时自由贸易区发展的功能较为单一，主要战略定位是利用当地丰富廉价的劳动力和优惠政策吸引外国资金，合作发展出口工业，扩大出口，促进国家和地区经济发展。

### 三、现代多元发展阶段

20世纪70年代之后，世界自由贸易区进入迅速发展期，成为发达国家和新兴经济体国家（地区）开展对外贸易、引进外资与扩大就业的重要载体。到2013年6月，世界自由贸易区达到1200多个，约35.4%由15个发达国家和地区设立，67个发展中国家和地区设立的775个自由贸易区占比约64.6%。在最近的半个世纪以来，中国香港、新加坡、迪拜港、巴拿马科隆港等自由港依托自身得天独厚的区位优势，不断完善贸易便利化举措，营造宽松、自由的贸易发展环境，实现了城市的崛起。这一阶段的自由贸易试验区（港）战略地位从传统进出口贸易、转口贸易、出口加工、引进外资、扩大就业向高新技术产业、现代服务业和离岸业务转变，带动周边经济发展。

### 四、国际自由贸易试验区（港）的发展趋势

纵观国际自由贸易试验区（港）建设的发展历程，可以总结出如下几点规律：

#### （一）自由程度不断提升

在全球化背景下，自由贸易试验区（港）的发展趋势是高度开放，甚至是全域开放，便利化、自由化水平不断上升。比如中国香港、科隆等自由港就属于全域开放。

## （二）功能逐渐向外扩展

自由贸易试验区（港）的功能是不断发展变化的，即由功能单一转向功能多样化，一般是根据进出口贸易流量、区位条件和经济发展阶段来确定其功能定位，并随时为顺应国家发展战略做出适当调整。早在20世纪50年代初，美国就提出，可在自由贸易区发展以出口加工为主要目标的制造业；20世纪60年代后期，一些发展中国家通过这一形式建成特殊工业区，发展成出口加工区；20世纪80年代开始，许多国家的自由贸易区向高技术、知识和资本密集型发展，形成"科技型自由贸易区"。至今世界已经形成了各种功能的自由贸易区（港），它们侧重点不同，但多元化发展的特征趋同。

1. 保税仓库型

主要功能是为进口商品提供再包装、分级、挑选、抽样、混合与处理等服务。厂商或贸易商能利用保税政策，把握最有利时机，将仓储货物转销到其他国家或地区，以获得最佳利润。

2. 转口贸易型

早期自由港主要借助其优越的地理和区位条件发展转口贸易，允许中转货物不必办理报关手续，并为其提供豁免关税的政策。通过发展转口贸易，能吸引过往的外国商船，发挥商品集散中心的作用，进而促进当地经济发展。

3. 加工贸易型

随着全球范围的产业调整和制造业转移，自由贸易试验区（港）的功能不再单纯提供转口贸易服务，而是逐步由转口贸易转向加工贸易。大力发展加工制造工业，着手建设工业园区，逐步增加诸如储存、分级装配等功能，既促进贸易又促进工业发展。

4. 跨区域综合型

该类型的自由贸易试验区（港）功能得到进一步扩充。通过经济、技术和港口城市的强强联合形成自由港联盟。自由港联盟通过运用和整合成员间相融且互补的资源形成新的综合优势，进而不断开拓新市场。以自由港基础设施互联互通为基础，构建区域自由港网络，自由贸易试验区功能逐渐趋向综合化，不仅在加工物流等区域功能范围不断拓展，而且在金融、保险、商贸、中介等第三产业和服务贸易也发展显著。发展高端制造业、金融等现代服务业，充分融入周边经济合作区，深入开展区域分工合作。

**（三）管理体制更加开放**

自由贸易试验区（港）的管理模式通常分两个层次：一是宏观的国家级管理体系，主要负责自由贸易试验区（港）的立法、协调、监督和宏观决策。各国中央政府均会设立专门管理机构对自由贸易试验区（港）进行宏观管理，并自行制定相应的法律法规和监管园区的所有机构和事务，独立行政，不受其他职能部门干预。二是区（港）内的微观层面，通常实行统一管理，根据法律授权实行机构一体化、管理一体化、服务一条龙，坚持层次少和权力集中原则，简化办事手续，提高工作效率。现在管理体制模式更具开放性，已经不仅仅是政府派出的一个管理机构，比如说伦敦金融区行业自治的治理模式，美国纽约总区与分区的管理模式等。

**（四）政策优势日趋凸显**

要吸引大量的企业进入自由贸易试验区（港），就要提供一些特殊的优惠政策，吸引投资与贸易，助力发展。比如税收优惠政策、负面清单、准入国民待遇等制度。税收优惠是发挥主体集聚比较优势的重要措施，主要包括：关税豁免、较低的企业所得税和对国家支持的关键性、战略性高科技行业采取相应税收支持政策等。

### (五) 法律环境优先保障

为了更好发挥自由贸易试验区（港）在吸引外资、引进技术、服务本国经济等方面的作用及弥补政策灵活有余而稳定不足的缺陷，一国或地区通常都实行特殊经济政策，并以法律形式加以固定。目前国际通行的做法是先立法后设区（港）。除国家立法外，自由贸易试验区（港）所在地方政府还会制定相关条例规章，使管理者和投资者有法可依、有章可循。这也是为自由贸易试验区（港）自身独特服务提供法律保障，许多自由贸易试验区（港）建设一般要通过颁布一个特殊的法才能进行。比如新加坡1969年制定了《自由贸易区法》，建立"六港一空"自由贸易；韩国2003年通过《关于经济自由区域的指定及运营的法规》（简称指定法），才成立釜山镇海自由贸易区。我国是授权立法，法律层级和上述国家颁布的法律相比还是有差别的。

### (六) 监管政策高效便捷

各国自由贸易试验区（港）在贸易和投资等领域适用便捷、高效的监管政策：第一，"境内关外"政策，将进入区（港）内的货物视为境外，不受海关监管政策约束；第二，进出关便利化政策，采取一切有利于加快货物流通效率的措施，提供各种个性化服务；第三，取消外商投资限制，在利率、证券投资、银行准入、外汇管理等方面实施最为宽松的金融监管。

# 中国自由贸易试验区（港）的建设历程与发展成效

## 第一节 我国自由贸易试验区（港）的设立与发展

### 一、基本概况

中共十七大把自由贸易试验区建设上升为国家战略，十八大提出要加快实施自由贸易试验区发展战略，十八届三中全会更是提出形成面向全球的高标准自由贸易试验区网络。2013年9月，国务院下发《关于印发中国（上海）自由贸易试验区总体方案的通知》，这标志着上海自由贸易试验区的建成。之后，我国在2015年、2017年又建立了10个自由贸易试验区，2018年4月党中央决定开启海南自由贸易试验区（港）的建设进程，见表2-1。应该说，在全球贸易保护主义抬头、逆全球化思潮兴起阶段之时，我国加强自由贸易试验区（港）建设，反映了我国高举对外开放大旗，推动开放型世界经济发展的决心和信心，同时也是测试我国开放底线和风险、转变经济发展方式、优化经济结构、打造不同区域增长极、让开放带动区域经济发展的有效举措。尤其在国际投资和贸易中，在负面清单与外资准入前国民待遇等TPP规则对WTO规则产生冲击的背景下，我国加快自由贸易试验区（港）建设具有一定的必要性和重要的战略意义。

表2-1　　我国自由贸易试验区（港）建设情况

| 批次 | 挂牌时间 | 挂牌地区 | 发展定位 |
| --- | --- | --- | --- |
| 第一批 | 2013年9月 | 上海 | 该试验区肩负着我国加快政府职能转变、探索管理模式创新、促进贸易和投资便利化，为全面深化改革和扩大开放探索新途径、积累新经验的重要使命 |
| 第二批 | 2015年4月 | 广东、天津、福建 | 以上海自由贸易试验区内试点的主要任务措施为主体，结合自身特点，在促进内地与港澳经济深度合作、推进京津冀协同发展、深化两岸经济合作等方面积极探索 |
| 第三批 | 2017年4月 | 辽宁、浙江、河南、湖北、重庆、四川、陕西 | 辽宁主要着力打造提升东北老工业基地发展的整体竞争力，浙江主要是落实中央关于"探索建设舟山自由贸易港区"的要求，河南主要聚焦贯通南北、连接东西的现代立体交通体系和现代物流体系建设，陕西的重点在于推动"一带一路"建设和西部大开发，湖北努力打造内陆对外开放新高地，重庆努力建成西部大开发战略重要支点，四川主要打造内陆开放型经济高地 |
| 第四批 | 2018年4月（获批） | 海南 | 打造"三区一中心"，即全面深化改革开放试验区、国家生态文明试验区、国际旅游消费中心、国家重大战略服务保障区 |

## 二、上海自由贸易试验区建设

### (一) 背景和意义

1. 迎接全球贸易新规则挑战

2013年是我国非常值得纪念的对外开放年。这一年，我国出现了两个开放型经济发展中特别重要的标志性事件。一个是"一带一路"倡议的提出，另一个是上海自由贸易试验区的建立。应该说，"一带一路"倡议的提出是基于地理空间的中国对外开放的一次重要顶层设计；而在地方建设自由贸易试验区，主要是考虑规则空间问题。WTO规则正日渐受到跨太平洋战略经济伙伴关系协定（TPP）、跨大西洋贸易和投资伙伴协定（TTIP）和多边服务业协议（PSA）等新一代全球贸易规则的挑战。自2001年我国加入WTO以来，一直遵守这一国际贸易规则开展对外经营活动。世界贸易规则和格局的改变对我们的挑战在于出现了非常多的WTO所未涉及的规则，尤其是TPP一直强调的将外资管理模式变成负面清单模式，以及对外资准入前国民待遇原则。因此，在中国选择部分区域实行外资负面清单管理模式以及实施外资准入前国民待遇，看实施效果如何，是当年我们建设自由贸易试验区的初衷。成立上海自由贸易试验区，可以主动对接国际贸易投资新规则，可以积累多边以及区域合作的经验，逐步熟悉并增强国际经贸规则制定的话语权和主导权，为我国与主要经贸合作伙伴谈判提供重要依据和参考。

2. 打造中国对外开放的升级版

改革开放以来，我国经济经过多年的高速增长，取得世界瞩目的成绩，但这是一种较为粗放的增长模式，以牺牲我国部分资源和环境为代价。中国这种粗放型增长模式弊端越来越明显，以要素红利为主导特征的发展模式难以为继，改革进入深水区和攻坚期，必须深化改革开放，转变经济发展方式，寻找经济增长新的驱动要素。因此，建设自由贸易试验区是一种全新的对外开放的方式转变，可以构建新的全球价值链，利用国际的规则、理念、资源和市场，激活国内经济，积极探索制度创新，打造我国改革开放升级版。

3. 寻找我国区域发展的新引擎

我国幅员广阔，经济体量大，发展尚不平衡。这种发展不平衡不仅体现在国家与国家之间的不平衡，更多是我国区域之间发展的不平衡。为了改变这种发展不平衡，我国一直注重区域经济的发展战略，通过建设不同主体功能区，打造一个个经济增长极，以点带面，进而促进全国经济的平衡发展。自由贸易试验区的建设也是基于这种改革初衷，其特殊功能定位，使之必然承载区域引擎的作用。

（二）基本内容

2013年9月29日，上海自由贸易试验区正式挂牌。上海自由贸易试验区范围涵盖上海市外高桥保税区、外高桥保税物流园区、洋山保税港区和上海浦东机场综合保税区等4个海关特殊监管区域。2014年12月28日全国人大常务委员会授权国务院扩展中国（上海）自由贸易试验区区域，将面积扩展到120.72平方公里。

加快政府职能转变。积极探索建立与国际高标准投资和贸易规则体系相适应的行政管理体系，推进政府管理由注重事先审批转为注重事中、事后监管。提高行政透明度，完善投资者权益有效保障机制，实现各类投资主体的公平竞争。

扩大投资领域开放。选择金融、航运、商贸、文化等服务领域扩大开放。探索建立负面清单管理模式，逐步形成与国际接轨的外商投资管理制度。改革境外投资管理方式，支持试验区内各类投资主体开展多种形式的境外投资。

推进贸易发展方式转变。积极培育贸易新型业态和功能，推动贸易转型升级。深化国际贸易结算中心试点，鼓励企业统筹开展国际国内贸易，实现内外贸一体化发展。提升国际航运服务能级。

深化金融领域开放创新。加快金融制度创新，建立与自由贸易试验区相适应的外汇管理体制，促进跨境融资便利化。推动金融服务业对符合条件的民营资本和外资金融机构全面开放，鼓励金融市场产品创新。

完善法制保障。各部门要支持试验区深化改革试点，及时解决试点过程中的制度保障问题。上海市要通过地方立法，建立与试点要求相适应的试验区管理制度。

（三）基本特征

1. 与保税区的不同

（1）保税区规定，在海关特殊监管范围内，货物入区前须在海关登记，保税区货物进出境内、境外或区内流动有不同的税收限制。而自由贸易试验区是关税豁免地区。

（2）保税区的货物存储时间一般为2—5年。而在自由贸易试验区内的货物存储期限不受限制。

（3）保税区对货物采用账册管理方式。而在自由贸易试验区，主要考虑货畅其流为基本条件，多数自由贸易试验区采取门岗管理方式，运作手续更为简化，交易成本更低。

（4）保税区的功能相对单一，主要起中转存放作用，对周边经济带动作用有限。而自由贸易试验区一般是物流集散中心，加工贸易比较发达，对周边地区具有强大的辐射作用，能带动区域经济的发展。

2. 与传统的自由贸易园区不同

上海自由贸易试验区功能逐步拓展，在提升对外贸易、航运服务、便利化环境等传统自由贸易园区功能的基础上，进一步增加服务贸易，扩大金融开放领域等，内涵更加丰富，空间范围不断扩大。

3. 不同于自由港

自由港的开放范围更广，开放程度更高，包括贸易自由、融资汇兑自由、航运自由等，通过开放、高效、低税负形成自由港的国际竞争力。而自由贸易试验区主要目的是以开放促改革、以改革促发展，为全国的改革开放积累经验。

4. 不同于一般开发区

自由贸易试验区的建设是国家战略，不着重一般的产业培育、招商引资、经济发展，而是强调在投资管理、服务业开放、金融、航运、贸易等多个层面的先行先试和全方位的制度创新。

5. 不止于自身的建设发展

上海自由贸易试验区建设目标是成为中国推动改革和提高开放型经济水平的试验田，寻求能够在全国可复制、可推广的制度性建设，发挥示范带动和服务全国的积极作用。

**（四）发展定位**

紧紧围绕面向世界、服务全国的战略要求和上海"四个中心"建设的战略任务，按照先行先试、风险可控、分步推进、逐步完善的方式，把扩大开放与体制改革相结合、把培育功能与政策创新相结合，形成与国际投资、贸易通行规则相衔接的基本制度框架。

**（五）目标与进展情况**

上海自由贸易试验区的建设目标是，经过两至三年的改革试验，加快转变政府职能，积极推进服务业扩大开放和外商投资管理体制改革,大力发展总部经济和新型贸易业态,加快探索资本项目可兑换和金融服务业全面开放,探索建立货物状态分类监管模式,努力形成促进投资和创新的政策支持体系,着力培育国际化和法治化的营商环境,力争建设成为具有国际水准的投资贸易便利、货币兑换自由、监管高效便捷、法制环境规范的自由贸易试验区,为我国扩大开放和深化改革探索新思路和新途径,更好地为全国服务。

上述目标是2013年9月上海自由贸易试验区挂牌时的建设目标。之后,2015年5月,在《进一步深化中国(上海)自由贸易试验区改革开放方案》中,将上海自由贸易试验区的目标进一步明确为"力争建设成为开放度最高的自由贸易园区"。而2017年3月,在国务院印发的《全国深化中国(上海)自由贸易试验区改革开放方案》中,最新目标是"对照国际最高标准、最好水平的自由贸易区,全面深化自由贸易试验区改革开放,加快构建开放型经济新体制,在新一轮改革开放中进一步发挥引领示范作用"。2017年,习总书记在十九大报告中指出要推动形成全面开放的新格局,"赋予自由贸易试验区更大改革自主权,探索建设自由贸易港"。随着自由贸易港概念的提出,上海自由贸易试验区的建设目标也发生了改变,就是要致力于加快自由贸易试验区向自由贸易港的转型和升级。

经过几年的建设,上海自由贸易试验区基本实现了最初目标,为其他自由贸易试验区(港)的建设探索出一条条经验,创新了许多行之有效的、可在自由贸易试验区乃至全国许多区域复制和推广的制度。

## 上海自由贸易试验区建设三年进展情况[①]

一是确立以负面清单管理为核心的投资管理制度，形成与国际通行规则一致的市场准入方式。以促进投资便利化为目标，建立准入前国民待遇加负面清单的外商投资管理制度。全国人大常委会已审议通过了修改《外资企业法》等四部法律规定的有关行政审批决定，外资备案管理制度已在全国实施。建立企业准入"单一窗口"制度，变多个部门分头管理为"一表申报、一口受理、并联办事"的服务模式。率先探索"先照后证"、注册资本认缴制、统一营业执照样式等商事制度改革。

目前，90%左右的国民经济行业对外资实现了准入前国民待遇，超过90%的外商投资企业通过备案方式设立，办理时间由原来的8个工作日减少到1个工作日，申报材料由10份减少到3份。近10个部门的相关业务实现了"多证联办"。自挂牌至2017年2月，自由贸易试验区累计新设企业44018家，其中，内资企业35961家，占比81.7%，外资企业8057家，占比18.3%，社会投资活力大幅提升。

二是确立符合国际高标准贸易便利化规则的贸易监管制度，形成具有国际竞争力的口岸监管服务模式。实现口岸监管部门"信息互换、监管互认、执法互助"，"一线放开、二线安全高效管住"贸易监管制度高效运行，构建了"自主申报、自助通关、自动审放、重点稽核"和"十检十放"等监管新模式。实施信息化和智能化为核心的贸易便利化改革和货物状态分类监管制度，建立了信息化监管为主、现场监管为辅的监管方式。建成上海国际贸易"单一窗口"，实现"一个平台、一次提交、结果反

---

[①] 2017年4月1日市政府新闻发布会：上海自贸试验区制度创新成果及建设推进情况．上海自由贸易试验区官网．

## 第二章 中国自由贸易试验区（港）的建设历程与发展成效

馈、数据共享"。

目前，上海自由贸易试验区的海关特殊监管区域已实现一线进境货物当天入区，进出境时间较全关区平均水平分别缩短78.5%和31.7%，物流成本平均降低约10%。海关自动化作业率从挂牌初期的12.8%提升至56.2%，海关特殊监管区域海关监管作业无纸化率从8.4%提升至87%，无纸化报检企业覆盖率达到98%，卡口智能化验放率达到50%以上。上海口岸95%的货物申报、全部船舶申报通过国际贸易"单一窗口"办理，平台用户近5000家，服务企业17万家。世界贸易组织《贸易便利化协定》中，在货物放行与结关、进口货物移动2个条款上，试点内容已超过该协定明确的便利化程度。

三是确立适应更加开放环境和有效防范风险的金融创新制度，形成与上海国际金融中心建设的联动机制。创设自由贸易账户系统，建立宏观审慎管理的资本项目可兑换操作模式，实施"分类别、有管理"的资本项目可兑换。构建全国利率市场化改革的操作模式和人民币国际化的实施模式，建立市场利率稳定机制，稳步推进人民币跨境使用。建设面向国际的金融资产交易平台，实施证券"沪港通"，推出黄金"国际版"和"上海金"人民币集中定价机制。积极创新金融领域管理方式，构建金融监管和风险防范机制。

目前，上海自由贸易试验区入驻持牌金融机构817家，占全市的53.9%。累计597家企业发生跨境双向人民币资金池业务，资金池收支总额7768.1亿元。2016年，跨境人民币结算总额已达11518亿元，占全市50.99%。共有51家金融机构通过分账核算系统验收，累计开立自由贸易账户6.5万个，自由贸易账户业务涉及126个国家和地区、3.2万家境内外企业。设立了新型金融业态监测平台，对11大类、8.2万家互联网金融、融资担保等新型金融企业实施动态预警监测。

四是确立以规范市场主体行为为重点的事中事后监管制度，形成透明高效的准入后全过程监管体系。以综合监管为基础，以专业监管为支撑，形成信息互联共享的协同监管机制，实施风险分类监管。构建鼓励企业自律的信用约束机制和社会力量参与的多元监督机制，建立企业年度报告和经营异常名录制度，在行业准入、认证鉴定等方面系统引入社会力量参与。建立安全审查和反垄断审查制度。

目前，已针对安全生产、食品药品等12个重点领域的严重失信行为，制定和实施了限制参与政府采购、限制申请财政资金等43项跨部门联动惩戒措施，基本形成了市场主体自律、业界自治、社会监督、政府监管互为支撑的综合监管格局，外商投资安全形势可控。

五是联动创新一级政府管理体制，实现符合市场经济规则的政府职能转变新突破。充分发挥上海自由贸易试验区管委会与浦东新区政府合署办公的优势，建立综合执法新体制。全面实施"证照分离"改革试点，对审批频次比较高、投资主体关注度大的116项行政许可事项先行开展改革试点。充分发挥上海自由贸易试验区和国家自主创新示范区的叠加优势，"双自联动"机制效应显现。

六是加强改革试点经验复制推广。三年来，上海自由贸易试验区的改革创新理念和100多项制度创新成果在全国复制推广。外商投资备案管理、企业准入"单一窗口"等37项投资领域改革措施在全国复制推广。先进区后报关、批次进出集中申报等34项贸易便利化改革措施，已在全国范围、长江流域范围、海关特殊监管区域等分阶段有序推广实施。跨境融资、利率市场化等23项金融制度创新改革成果分领域、分层次在全国复制推广。

上海自由贸易试验区的主动开放、自主改革，探索了新形势下推动全面深化改革和扩大开放的新路径，为全国自由贸易试验区建设提供了可借鉴的经验和模式。

总体来看，三年来上海自由贸易试验区制度创新进一步激发了市场创新活力和经济发展动力。新注册企业4万家，超过上海自由贸易试验区挂牌前20多年总和。新注册企业活跃度超过80%，民营企业占比已达到88.77%。区内企业的跨境人民币交易结算额累计达2.38万亿元，在上海市占比达到42.2%。浦东新区一级地方政府职能转变成效显著，全部取消了64项地方设定的行政审批事项。上海自由贸易试验区以1/10的面积，创造了浦东新区3/4的生产总值；以上海市1/50的面积，创造了上海市1/4的生产总值，反映出制度创新而非优惠政策是驱动经济长远发展的持续动力。

### 三、第二批自由贸易试验区建设

#### （一）基本内容和特征

1. 广东自由贸易试验区

广东自由贸易试验区分为三个片区，总面积116.2平方公里。南沙片区重点面向世界先进发达国家，建设以生产性服务业为主导的现代产业新高地和具有世界先进水平的综合服务枢纽；前海蛇口片区重点推动粤港深度合作，建设我国金融业对外开放试验示范窗口、世界服务贸易重要基地和国际性枢纽港；横琴片区重点推动粤澳深度合作，建设文化教育开放先导区、国际商务服务休闲旅游基地和促进澳门经济适度多元发展的新载体。广东自由贸易试验区打造开放型经济新体制先行区、粤港澳大湾区合作示范区和高水平对外开放门户枢纽；率先对港澳服务业进一步开放，扩大港澳金融、会计、律师、建筑等专业服务范围，引入香港建筑工程管理模式,将港澳的航线作为国内特殊航线来管理。

2. 天津自由贸易试验区

2014年12月28日,国务院批准建立天津自由贸易试验区。自由贸易试验区总体规划面积119.9平方公里,规划范围包括三大片区,即天津港片区(即天津东疆保税港区现有范围)、天津机场片区和滨海新区中心商务片区。天津港片区重点发展航运物流、国际贸易等现代服务业;天津机场片区重点发展航空航天、装备制造、新一代信息技术等高端制造业;中心商务片区则重点发展以金融创新为主的现代服务业。天津自由贸易试验区不仅承担先行先试的责任,还承担着贯彻落实京津冀协同发展国家战略的重任。其中,天津港是京津冀最大的综合性贸易港口,是其开展对外贸易的重要载体,在京津冀吸引外资过程中发挥引擎作用。

3. 福建自由贸易试验区

2014年12月31日,国务院正式批复设立中国(福建)自由贸易试验区。福建自由贸易试验区涵盖厦门、福州、平潭三大片区,总面积共118.04平方公里,分散在不同的市,地区跨度大。从国家层面考虑,福建自由贸易试验区最大的战略意义在于对台贸易投资,以"对台湾开放"和"全面合作"为方向,进一步深化两岸经济合作:一来吸引台资入驻,二来便利与台湾的经贸往来,促进两岸经济和人员更好地融合。立足自由贸易试验区产业发展基础,突出福建省对台产业合作和配合"21世纪海上丝绸之路"两大特色,积极对接"互联网+"和实施"中国制造2025"行动计划,提出重点发展商贸服务、航运服务、现代物流、金融服务、新兴服务、旅游服务和高端制造七大产业集群,集聚发展总部经济、平台经济、离岸经济等新业态,加快产业转型升级,深化功能创新,打造福建产业发展新高地。

## (二) 战略定位

### 1. 广东自由贸易试验区

依托港澳、服务内地、面向世界,将自由贸易试验区建设成为粤港澳深度合作示范区、"21世纪海上丝绸之路"重要枢纽和全国新一轮改革开放先行地。

### 2. 天津自由贸易试验区

以制度创新为核心任务,以可复制可推广为基本要求,努力成为京津冀协同发展高水平对外开放平台、全国改革开放先行区和制度创新试验田、面向世界的高水平自由贸易园区。

### 3. 福建自由贸易试验区

围绕立足两岸、服务全国、面向世界的战略要求,充分发挥改革先行优势,营造国际化、市场化、法治化营商环境,把自由贸易试验区建设成为改革创新试验田;充分发挥对台优势,率先推进与台湾地区投资贸易自由化进程,把自由贸易试验区建设成为深化两岸经济合作的示范区;充分发挥对外开放前沿优势,建设"21世纪海上丝绸之路"核心区,打造面向"21世纪海上丝绸之路"沿线国家和地区开放合作新高地。

## (三) 目标与进展情况

### 1. 广东自由贸易试验区

经过三至五年改革试验,营造国际化、市场化、法治化营商环境,构建开放型经济新体制,实现粤港澳深度合作,形成国际经济合作竞争新优势,力争建成符合国际高标准的法制环境规范、投资贸易便利、辐射带动功能突出、监管安全高效的自由贸易园区。

广东自由贸易试验区以负面清单管理为核心,投资管理体制改革持续深化;以贸易便利化为重点,贸易监管制度创新成效明显;以提升服务实体经济质量和水平为目标,金融开放创新举措稳步推出；以防控风险为底线，严密高效的事中事后监管体系初步形成；以鼓励创业创新为着眼点，公共服务支撑体系不断完善；以服务国家战略为根本，差别化功能举措不断推出。

2. 天津自由贸易试验区

经过三至五年改革探索，将自由贸易试验区建设成为贸易自由、投资便利、高端产业集聚、金融服务完善、法制环境规范、监管高效便捷、辐射带动效应明显的国际一流自由贸易园区，在京津冀协同发展和我国经济转型发展中发挥示范引领作用。

天津自由贸易试验区以制度创新为核心，以可复制可推广为基本要求，全力推动投资贸易便利化改革，着力打造国际化、市场化、法治化、便利化营商环境，积极服务京津冀协同发展，制度创新工作总体进展顺利，改革开放红利逐步显现。

**天津自由贸易试验区建设成效**

自天津港东疆片区自由贸易试验区挂牌至2017年4月，东疆片区新增企业5289家，总注册资本4420.25亿元，1亿元以上的企业967家，落户项目质量是东疆片区自成立以来的最好水平。从企业结构看，航运、物流、租赁、贸易结算及保理等五大支柱型产业占总注册企业76.40%。

天津机场片区将重点发展航空航天、装备制造、新一代信息技术等高端制造业和研发设计、航空物流等生产性服务业，形成了民用航空、装备制造、电子信息、生物医药、快速消费品和现代服务业等优势产业集群。自由贸易试验区挂牌至2017年一季度机场片区新增自由贸易试验区市场主体11877家，注册资本（金）2997.26亿元。

滨海新区中心商务片区挂牌以来，新增市场主体1.3万家，占天津自由贸易试验区增量的45.7%，注册资本金3801.3亿元，注册金额5000万元以上企业1513家，外资企业269家，初步形成了创新金融、科技互联网、国际贸易与跨境电商三大特色产业集群。①

3. 福建自由贸易试验区

坚持扩大开放与深化改革相结合、功能培育与制度创新相结合，加快政府职能转变，建立与国际投资贸易规则相适应的新体制。创新两岸合作机制，推动货物、服务、资金、人员等各类要素自由流动，增强闽台经济关联度。加快形成更高水平的对外开放新格局，拓展与"21世纪海上丝绸之路"沿线国家和地区交流合作的深度和广度。经过三至五年改革探索，力争建成投资贸易便利、金融创新功能突出、服务体系健全、监管高效便捷、法制环境规范的自由贸易园区。

福建自由贸易试验区自挂牌以来，大胆试、大胆闯、自主改，推出了一批独具特色的改革试点，扎实推进各项试验任务，实现了一批重点领域的创新突破，具有福建特色、对台先行的制度创新体系基本形成，为全面深化改革、扩大开放和促进两岸交流合作积累了可复制可推广的成功经验。

## 四、第三批自由贸易试验区建设

### （一）基本内容和特征

1. 浙江自由贸易试验区

浙江自由贸易试验区将落实中央关于"探索建设舟山自由贸易港区"的要求，就推动大宗商品贸易自由化，提升大宗商品全球配置能力进行探索。浙江自由贸易试验区的实施范围119.95平方公里，包括舟山和宁波片区。浙江自由贸易试验区建设将突出重点，围绕油品全产业链的投资便利化、贸易自由

---

① 中国（天津）自由贸易试验区网站．

化，力争在企业准入资质、金融政策配套、口岸监管便利、税收政策创新等关键领域取得突破。

浙江自由贸易试验区是中国唯一一个由陆域和海洋锚地组成的自由贸易园区，也是中国立足环太平洋经济圈的前沿地区，与"一带一路"和"21世纪海上丝绸之路"倡议下的沿线国家建立合作的重要窗口。重点开展以油品为核心的大宗商品中转、加工贸易、保税燃料油供应、装备制造、航空制造、国际海事服务、国际贸易和保税加工等业务。

2. 河南自由贸易试验区

涵盖郑州、开封、洛阳三个片区。在产业布局上，郑州片区重点发展先进制造业、跨境电商、现代金融、服务贸易等；开封片区重点发展医疗旅游、文化金融、创意设计等现代服务业；洛阳片区重点发展装备制造等高端制造业，以及文化旅游、文化贸易等现代服务业。

3. 四川自由贸易试验区

将落实中央关于加大西部地区门户城市开放力度以及建设内陆开放战略支撑带的要求，打造内陆开放型经济高地，实现内陆与沿海沿边沿江协同开放。四川自由贸易试验区分为成都片区、泸州川南临港片区两部分。成都片区是四川自由贸易试验区主体，规划面积近100平方公里。

4. 湖北自由贸易试验区

将落实中央关于中部地区有序承接产业转移、建设一批战略性新兴产业和高技术产业基地的要求，发挥其在实施中部崛起战略和推进长江经济带建设中的示范作用。湖北自由贸易试验区包括武汉、宜昌、襄阳片区。其中作为武汉片区主体区的东湖高新区，将补齐在对外开放和国际化能力提升上的短板，并设定了"双自"（自主创新示范区和自由贸易试验区联动）驱动的核心

5. 陕西自由贸易试验区

设立中心片区、西安国际港务区片区和杨凌片区。中心片区重点发展战略性新兴产业和高新技术产业。西安国际港务区片区重点发展国际贸易、现代物流、金融服务、旅游会展、电子商务等产业。杨凌示范区片区以农业科技创新、示范推广为重点。

6. 重庆自由贸易试验区

落实中央关于发挥重庆战略支点和连接点重要作用、加大西部地区门户城市开放力度的要求，带动西部大开发战略深入实施。重庆自由贸易试验区初步分为两江新区片区、西永片区和果园港片区。

7. 辽宁自由贸易试验区

分为沈阳、大连、营口三个片区，将打造具有国际竞争力的先进装备制造业基地、面向东北亚开放合作的战略高地、国际海铁联运大通道的重要枢纽；将与"一带一路"沿线国家的国际产能和装备制造合作，加快构建双向投资促进合作新机制。

(二) 战略定位

1. 浙江自由贸易试验区

以制度创新为核心，以可复制可推广为基本要求，将自由贸易试验区建设成为东部地区重要海上开放门户示范区、国际大宗商品贸易自由化先导区和具有国际影响力的资源配置基地。

2. 河南自由贸易试验区

以制度创新为核心，以可复制推广为基本要求，加快建设贯彻南北、连接东西的现代立体交通体系和现代物流体系，将自由贸易试验区建设成为服务于"一带一路"建设的现代综合交通枢纽、全面改革开放试验田和内陆开放型经济示范区。

3. 四川自由贸易试验区

以制度创新为核心，以可复制可推广为基本要求，立足内陆、承东启西，服务全国、面向世界，将自由贸易试验区建设成为西部门户城市开发开放引领区、内陆开放战略支撑带先导区、国际开放通道枢纽区、内陆开放型经济新高地、内陆与沿海沿边沿江协同开放示范区。

4. 湖北自由贸易试验区

以制度创新为核心，以可复制可推广为基本要求，立足中部、辐射全国、走向世界，努力成为中部有序承接产业转移示范区、战略性新兴产业和高技术产业集聚区、全面改革开放试验田和内陆对外开放新高地。

5. 陕西自由贸易试验区

以制度创新为核心，以可复制可推广为基本要求，全面落实党中央、国务院关于更好发挥"一带一路"建设对西部大开发带动作用、加大西部地区门户城市开放力度的要求，努力将自由贸易试验区建设成为全面改革开放试验田、内陆型改革开放新高地、"一带一路"经济合作和人文交流重要支点。

6. 重庆自由贸易试验区

以制度创新为核心，以可复制可推广为基本要求，全面落实党中央、国务院关于发挥重庆战略支点和连接点重要作用、加大西部地区门户城市开放力度的要求，努力将自由贸易试验区建设成为"一带一路"和长江经济带互联互通重要枢纽、西部大开发战略重要支点。

7. 辽宁自由贸易试验区

以制度创新为核心，以可复制可推广为基本要求，加快市场取向体制机制改革、积极推动结构调整，努力将自由贸易试验区建设成为提升东北老工业基地发展整体竞争力和对外开放水平的新引擎。

## （三）目标与进展情况

### 1. 浙江自由贸易试验区

经过三年左右有特色的改革探索，基本实现投资贸易便利、高端产业集聚、法制环境规范、金融服务完善、监管高效便捷、辐射带动作用突出，以油品为核心的大宗商品全球配置能力显著提升，对接国际标准初步建成自由贸易港区先行区。

浙江自由贸易试验区挂牌一周年以来，123 项试验任务 100% 启动实施，有效实施率 77.2%；国务院要求复制推广的 123 项改革试点经验，已复制推广 119 项，占比 96.7%，总体任务完成情况位居第三批自由贸易试验区前列。"一中心三基地一示范区"建设、通关监管服务创新等领域取得显著成效，形成了 2 批共 45 项制度创新成果，发挥了国家深化改革开放先行者的作用，向着"东部地区重要海上开放门户示范区、国际大宗商品贸易自由化先导区和具有国际影响力的资源配置基地"的战略定位坚实迈进。①

### 2. 河南自由贸易试验区

经过三至五年改革探索，形成与国际投资贸易通行规则相衔接的制度创新体系，营造法制化国际化便利化的营商环境，努力将自由贸易试验区建设成为投资贸易便利、高端产业集聚、交通物流通达、监管高效便利、辐射带动作用突出的高水平高标准自由贸易园区，引领内陆经济转型发展，推动构建全方位对外开放新格局。

河南自由贸易试验区自 2017 年 4 月 1 日正式挂牌运行以来，各项工作进展顺利，取得显著成效。一是截至 2018 年 5 月底，

---

① 《浙江自贸试验区一周年建设成效及制度创新成果评估报告》正式发布. 浙江石油化工交易中心网.

河南自由贸易试验区累计入驻企业 3.6 万家，注册资本额 4421.9 亿元。其中外资企业 209 家，实际利用外资 7.4 亿美元。二是出台自由贸易试验区政务、监管、金融、法律、多式联运五大专项改革方案，首批下放 455 项省级经济社会管理权限，在自由贸易试验区开展"证照分离"改革试点。三是依托自由贸易试验区政策环境，布局"四条丝路"：建设以中欧班列（郑州）为主的"陆上丝绸之路"，以郑州—卢森堡航线为主的"空中丝绸之路"，以跨境电子商务为主的"网上丝绸之路"，积极对接"21 世纪海上丝绸之路"。①②

3. 四川自由贸易试验区

经过三至五年改革探索，力争建成法治环境规范、投资贸易便利、创新要素集聚、监管高效便捷、协同开放效果显著的高水平高标准自由贸易园区，在打造内陆开放型经济高地、深入推进西部大开发和长江经济带发展中发挥示范作用。

一年来，四川自由贸易试验区内新增登记各类企业 2.2 万家、注册资本 3100 亿元，新设外商投资企业 204 家，占全省总数的 1/3 强，自由贸易试验区所在的成都、泸州市 2017 年进出口额增长 49.1%。目前，四川在全国对外开放格局中的地位不断提升，开放型经济领跑中西部，实际利用外资呈现增量提速、量质并举的良好发展态势。③

4. 湖北自由贸易试验区

经过三至五年改革探索，对接国际高标准投资贸易规则体系，力争建成高端产业集聚、创新创业活跃、金融服务完善、监

---

① 河南自贸区发展取得显著成效. 中华人民共和国商务部.
② 河南自贸试验区建设一周年：开放高地新答卷. 河南省人民政府.
③ 中国（四川）自由贸易试验区挂牌一周年. 四川自贸区网.

管高效便捷、辐射带动作用突出的高水平高标准自由贸易园区，在实施中部崛起战略和推进长江经济带发展中发挥示范作用。

湖北自由贸易试验区挂牌成立一周年，取得了一定成效。湖北自由贸易试验区总体方案明确的170项试验任务已启动160项，启动率达94%，已完成32项，正在落实128项。武汉、襄阳、宜昌三个自贸片区，招商引资，招贤纳才，成效显现。截至2月底，武汉、襄阳、宜昌三大片区共新增市场主体10697家。[1]

5. 陕西自由贸易试验区

经过三至五年改革探索，形成与国际投资贸易通行规则相衔接的制度创新体系，营造出法治化、国际化、便利化的营商环境，努力建成投资贸易便利、高端产业聚集、金融服务完善、人文交流深入、监管高效便捷、法治环境规范的高水平高标准自由贸易园区，推动"一带一路"建设和西部大开发战略的深入实施。

陕西自由贸易试验区挂牌一周年以来，新增注册市场主体14811家，新增注册资本3478.05亿元。《中国（陕西）自由贸易试验区建设总体方案》明确的165项试点任务已全面启动。其中实施"多证合一"综合审批运行服务模式、简化"资金池"管理等48项任务已基本完成，并且形成了34个确定具有可复制可推广的案例。[2]

6. 重庆自由贸易试验区

经过三至五年改革探索，努力建成投资贸易便利、高端产业集聚、监管高效便捷、金融服务完善、法治环境规范、辐射带动作用突出的高水平高标准自由贸易园区，努力建成服务于"一

---

[1] 湖北自贸区挂牌一周年成效显著. 湖北画报社.
[2] 陕西自贸区一岁了！新增注册资本3478亿元. 陕西政协.

带一路"建设和长江经济带发展的国际物流枢纽和口岸高地，推动构建西部地区门户城市全方位开放新格局，带动西部大开发战略深入实施。

重庆自由贸易试验区挂牌一年来，全域新增注册企业13055家，占全市同期新增注册企业的9.5%，其中新增注册外资企业240家，占全市23.3%；落户重大项目799个，协议投资总额达3086.5亿元。重庆有条件复制推广的前两批自由贸易试验区118项改革试点经验中，已落地111项；《重庆自由贸易试验区总体方案》涉及的151项试点任务中，已落地120项，31项正在加紧推进，进一步优化重庆自由贸易试验区营商环境，释放大量改革红利，吸引了阿里巴巴这样的行业巨头。①

7. 辽宁自由贸易试验区

经过三至五年改革探索，形成与国际投资贸易通行规则相衔接的制度创新体系，营造法治化、国际化、便利化的营商环境，巩固提升对人才、资本等要素的吸引力，努力建成高端产业集聚、投资贸易便利、金融服务完善、监管高效便捷、法治环境规范的高水平高标准自由贸易园区，引领东北地区转变经济发展方式、提高经济发展质量和水平。

辽宁自由贸易试验区挂牌一年来，截至2018年3月31日，共新增注册企业25359家，注册资本3725.2亿元。注册资本超亿元企业117家，注册资本316亿元。新增注册企业数和注册资本额在全国同时获批的7个自由贸易试验区中居于前列。一年来，大连片区内企业进出口贸易额达到1461亿元，占全市35.4%，拉动全市进出口同比增长7.5%；辽宁自由贸易试验区在深化"放管服"改革、试点负面清单管理模式、推进贸易便

---

① 重庆自贸区满周岁 交出亮丽答卷. 重庆日报.

利化、金融领域开放创新等方面，取得了阶段性重要成果。①②

## 五、海南自由贸易试验区（港）建设

### (一) 背景意义

2018年4月14日，《中共中央国务院关于支持海南全面深化改革开放的指导意见》（简称《指导意见》）正式发布，党中央决定支持海南全岛建设自由贸易试验区，支持海南逐步探索、稳步推进中国特色自由贸易港建设，分步骤、分阶段建立自由贸易港政策和制度体系。这是我国继上海等11个自由贸易试验区之后加大对外开放力度的又一重要举措。跟其他自由贸易试验区不同的是，海南全域大约3.5万平方公里，是全球面积最大的自由贸易试验区；海南不仅要建设自由贸易试验区，还要探索建设中国特色自由贸易港。

中央做出支持海南全面深化改革开放的重大决策，是基于国内外环境变化下的全局考虑。2008年爆发全球金融危机后，尤其进入2016年，全球经济增长呈现多元化发展态势，集中表现为经济增长速度较以往发生了很大变化。这种世界贸易出现的不同增长速度导致国际对全球化的态度产生差异，出现逆全球化或者去全球化的思潮。以美国为首的全球贸易保护主义倾向不断升级，对各国尤其是经济实力有限、经济增长受外部影响较大的发展中国家的稳定与发展产生许多不利影响。而中国一贯遵守WTO规则，主张全球化自由贸易，主张世界经济一体化。正因为这两种不同的思潮导致中美之间贸易摩擦越来越激烈，进而导致中美之间的贸易大战。中美之间的博弈其实更多是规则的博

---

① 一片"试验田"筑起改革开放新高地. 辽宁省对外经济贸易合作厅网.
② 辽宁自贸区一周年. 大连自贸区网.

弈，而规则的博弈就是自由贸易试验区以及自由贸易港建设的重要内容。因此，海南自由贸易试验区建设以及逐步探索中国特色自由贸易港建设，是中国基于当前的国际形势和自身的发展战略而提出的。

当然，选择海南，主要在于海南的地缘优势。海南具有面向东盟最前沿的区位优势，又是博鳌亚洲论坛永久举办地，有条件利用建设自由贸易港的契机，在促进中国与东南亚国家更紧密地经贸合作中扮演重要角色，是促进区域经济一体化、推动"21世纪海上丝绸之路"建设的需要。与此同时，选择海南也是推动海南跨越式发展的一个重要契机。海南省是我国面积第一大省（陆域 3.54 万平方公里，海域 200 万平方公里）。2017 年我国 GDP 是 827122 亿元，海南 GDP 是 4462.54 亿元，相当于全国的 0.54%。如果海南自由贸易试验区（港）建设进展良好，就能对全国提供良好的示范作用。总之，建设海南自由贸易试验区（港），实施最大程度、最高层次的开放措施，可以为海南经济社会发展注入强大动力，创造新时代中国特色社会主义生动范例；促进海南经济持续、稳定、协调发展，加快建成经济繁荣、社会文明、生态宜居、人民幸福的美好新海南，实现全省人民的幸福家园、中华民族的四季花园和中外游客的度假天堂三大愿景。

**（二）基本内容和特征**

1. 基本内容

以发展旅游业、现代服务业、高新技术产业为主导，科学安排海南岛产业布局。按发展需要增设海关特殊监管区域，在海关特殊监管区域开展以投资贸易自由化便利化为主要内容的制度创新，主要开展国际投资贸易、保税物流、保税维修等业务。在三亚选址增设海关监管隔离区域，开展全球动植物种质资源引进和中转等业务。

2. 基本特征

第一，试点范围广。现有自由贸易试验区都是120平方公里左右，但海南自由贸易试验区的实施范围是海南岛全岛，共3.54万平方公里，全岛对外开放，体现了中国进一步扩大开放的决心、信心。

第二，试点领域多。在现有自由贸易试验区试点基础上，特别强调海南在生态文明、海洋经济、军民融合等领域开展试点，体现了海南"三区一中心"的发展定位，与其他自由贸易试验区形成了互补。

第三，试点基础多元。其他自由贸易试验区都是在经济基础好的区域开展试点，海南全岛建设自由贸易试验区，既有发达区域，也有欠发达区域，可形成更多元的试点经验。

第四，试点协同性强。全岛试点，有利于发挥自由贸易试验区与行政区划高度一致的优势，提高制度创新的整体性、协同性，加强改革系统集成性。这是海南全岛建设自由贸易试验区的优势。

（三）战略定位

1. 全面深化改革开放试验区

大力弘扬敢闯敢试、敢为人先、埋头苦干的特区精神，在经济体制改革和社会治理创新等方面先行先试。适应经济全球化新形势，实行更加积极主动的开放战略，探索建立开放型经济新体制，把海南打造成为我国面向太平洋和印度洋的重要对外开放门户。

2. 国家生态文明试验区

牢固树立和践行绿水青山就是金山银山的理念，坚定不移走生产发展、生活富裕、生态良好的文明发展道路，推动形成人与自然和谐发展的现代化建设新格局,为推进全国生态文明建设探索新经验。

3. 国际旅游消费中心

大力推进旅游消费领域对外开放,积极培育旅游消费新热点,下大气力提升服务质量和国际化水平,打造业态丰富、品牌集聚、环境舒适、特色鲜明的国际旅游消费胜地。

4. 国家重大决策服务保障区

深度融入海洋强国、"一带一路"建设、军民融合发展等,全面加强支撑保障能力建设,切实履行好党中央赋予的重要使命,提升海南在国家经济建设中的地位和作用。

(四) 发展目标

1. 自由贸易试验区(港)建设分两步走

第一步,建立自由贸易试验区。2018—2025年,建成高标准高质量的自由贸易试验区。以现有自由贸易试验区试点内容为主体,结合海南特点,建设中国(海南)自由贸易试验区,实施范围为海南岛全岛。以制度创新为核心,赋予更大改革自主权,支持海南大胆试、大胆闯、自主改,加快形成法治化、国际化、便利化的营商环境和公平统一高效的市场环境。更大力度转变政府职能,深化简政放权、放管结合、优化服务改革,全面提升政府治理能力。实行高水平的贸易和投资自由化便利化政策,对外资全面实行准入前国民待遇加负面清单管理制度,围绕种业、医疗、教育、体育、电信、互联网、文化、维修、金融、航运等重点领域,深化现代农业、高新技术产业、现代服务业对外开放,推动服务贸易加快发展,保护外商投资合法权益。推进航运逐步开放。发挥海南岛全岛试点的整体优势,加强改革系统集成,力争取得更多制度创新成果,彰显全面深化改革和扩大开放试验田作用。

第二步，探索建设中国特色自由贸易港。自2025年起，根据国家发展需要，逐步探索、稳步推进海南自由贸易港建设，分步骤、分阶段建立自由贸易港政策体系。海南自由贸易港建设要体现中国特色，符合海南发展定位，学习借鉴国际自由贸易港建设经验，不以转口贸易和加工制造为重点，而以发展旅游业、现代服务业和高新技术产业为主导，更加强调通过人的全面发展，充分激发发展活力和创造力，打造更高层次、更高水平的开放型经济。及时总结59国外国人入境旅游免签政策实施效果，加大出入境安全措施建设，为进一步扩大免签创造条件。完善国际贸易"单一窗口"等信息化平台。积极吸引外商投资以及先进技术、管理经验，支持外商全面参与自由贸易港建设。在内外贸、投融资、财政税务、金融创新、出入境等方面探索更加灵活的政策体系、监管模式和管理体制，打造开放层次更高、营商环境更优、辐射作用更强的开放新高地。

2. 自由贸易试验区（港）发展的四个阶段

第一，全面建成小康社会。到2020年，与全国同步实现全面建成小康社会目标，确保现行标准下农村贫困人口实现脱贫，贫困县全部摘帽；自由贸易试验区建设取得重要进展，国际开放度显著提高；公共服务体系更加健全，人民群众获得感明显增强；生态文明制度基本建立，生态环境质量持续保持全国一流水平。

第二，经济增长质量和效益显著提高。到2025年，经济增长质量和效益显著提高；自由贸易港制度初步建立，营商环境达到国内一流水平；民主法制更加健全，治理体系和治理能力现代化水平明显提高；公共服务水平和质量达到国内先进水平，基本公共服务均等化基本实现；生态环境质量继续保持全国领先水平。

第三，社会主义现代化建设走在全国前列。到2035年，在社会主义现代化建设上走在全国前列;自由贸易港的制度体系和运作模式更加成熟,营商环境跻身全球前列;人民生活更为宽裕,全体人民共同富裕迈出坚实步伐,优质公共服务和创新创业环境达到国际先进水平;生态环境质量和资源利用效率居于世界领先水平;现代社会治理格局基本形成,社会充满活力又和谐有序。

第四,率先实现社会主义现代化。到21世纪中叶,率先实现社会主义现代化,形成高度市场化、国际化、法治化、现代化的制度体系,成为综合竞争力和文化影响力领先的地区,全体人民共同富裕基本实现,建成经济繁荣、社会文明、生态宜居、人民幸福的美好新海南。

## 第二节 我国自由贸易试验区建设的成效与问题

### 一、我国自由贸易试验区建设的成效

我国自由贸易试验区发展到现在,取得了相当大的成效。第一,推动开放型世界经济发展。当前,贸易保护主义抬头,"逆全球化"思潮兴起,给缓慢复苏的世界经济带来诸多的不确定性。加快建设自由贸易试验区,实行"准入前国民待遇"和负面清单管理模式,有利于不断降低产业准入门槛、破除开放的制度障碍,加快推动服务业和制造业领域扩大开放。第二,建设全面深化改革试验田。自由贸易试验区将简政放权改革与加快大部门体制改革有机结合起来,切实破解了放权难以到位的困局,探索了部门间综合治理的新思路,从根本上打破以往"放权—收权"的模式,有助于走出边减边设的怪圈,通过推进政府自身

治理结构的创新,真正实现放权于市场、放权于社会的治理结构,在提升政府能力方面迈出了关键一步。第三,牢牢守住了安全开放的边界。自由贸易试验区在扩大开放领域的同时,做到有为和有守的统一,将简政放权改革与强化监管有机结合,通过践行底线监管理念,在放权的同时,推出风险防控清单制度,针对清单之内的加强风险防范,严守底线思维,清单之外的放宽监管,坚持创新思维,完善防控措施,解决了简政放权但并没有弱化政府管理的问题,避免了从"过度依赖行政审批"的一个极端到"政府治理能力弱化"的另一个极端。第四,形成了高质量发展的新模式。在转变发展方式、优化经济结构、转换增长动力的攻关期,自由贸易试验区的发展为推动全国经济从高速增长向高质量发展转型,加快经济发展质量变革、效率变革和动力变革,提高经济的创新力和竞争力,提供有益的发展经验和参考模式。第五,构筑了区域协调发展新格局。自由贸易试验区与周边区域的发展之间既可能产生辐射效应,又可能产生虹吸效应。前者有利于形成区域带动,后者则拉大区域发展落差。目前,自贸试验区已在东、中西部全面布局,并成为区域经济的"增长极",未来必将在促进区域经济协调发展的过程中发挥更大的作用。具体在各个领域的成效表现如下:

(一)带动区域经济有效协同发展

我国自由贸易试验区建设,面临许多共性内容,但又各具特色。几乎在每一个自由贸易试验区的发展方案中,都结合所在区域的发展规划和优势进行明确定位,以期产生辐射效应,带动周边地区的经济发展。例如,上海由于其国际金融中心地位,其自由贸易试验区侧重于金融改革创新试点;天津自由贸易试验区则与京津冀协同发展挂钩,以制度创新服务实体经济,有效带动环渤海经济发展;广东自由贸易试验区着眼于珠三角地区经济整合,力争建成粤港澳深度合作示范区;福建自由贸易试验区利用对台优势,尝试建成深化两岸经济合作的示范区;辽宁努力通过自由贸易试验区建设,提升东北老工业基地发展整体竞争力,提高对外开放水平[①];浙江自由贸易试验区主要探索大宗商品贸易自由化,致力于提升大宗商品全球配置能力;河南自由贸易试验区努力构建现代立体交通体系和现代物流体系,打造对外开放高端服务平台,发展成为"一带一路"核心腹地;湖北自由贸易试验区计划在中部崛起战略和推进长江经济带建设中发挥示范作用,推动创新驱动发展;重庆自由贸易试验区积极推进"一带一路"和昌江经济带联动发展,推动长江经济带和成渝城市群协同发展;四川自由贸易试验区努力打造内陆开放型经济高地,促成内陆与沿海沿边沿江协同开放;陕西自由贸易试验区主要打造内陆型改革开放新高地,探索内陆与"一带一路"沿线国家经济合作和人文交流新模式。具体如表2-2所示:

表2-2 我国自由贸易试验区的特色

| 批次 | 地区 | 特色内容 |
| --- | --- | --- |
| 第一批 | 上海 | 促进金融改革:探索投融资汇兑便利化;扩大人民币跨境使用;稳步推进利率市场化;深化外汇管理改革 |
| 第二批 | 天津 | 与京津冀协同发展挂钩,以制度创新服务实体经济,有效带动环渤海经济发展 |
| | 广东 | 增强自由贸易试验区辐射带动功能,整合珠三角地区经济资源,促进建成粤港澳深度合作示范区 |
| | 福建 | 利用对台优势,尝试建成深化两岸经济合作的示范区 |

---

① 张倪. 自贸区改革的3.0时代 [J]. 中国发展观察, 2016 (18).

续表

| 批次 | 地区 | 特色内容 |
|---|---|---|
| 第三批 | 辽宁 | 加快东北老工业基地结构调整；加快东北亚区域开放合作 |
| | 浙江 | 推动油品全产业链投资便利化，探索大宗商品贸易自由化，致力于提升大宗商品全球配置能力 |
| | 河南 | 增强服务"一带一路"建设的交通物流枢纽功能 |
| | 湖北 | 推动创新驱动发展，促进中部地区和长江经济带产业转型升级 |
| | 重庆 | 推进"一带一路"和昌江经济带联动发展，推动长江经济带和成渝城市群协同发展 |
| | 四川 | 打造内陆开放型经济高地，实现内陆与沿海沿边沿江协同开放 |
| | 陕西 | 促进中部地区和长江经济带产业转型升级，创建与"一带一路"沿线国家人文交流新模式 |

**（二）转变政府职能改革成效明显**

我国自2013年开始至2017年，先后建立了上海、广东、天津、福建、辽宁、浙江、河南、湖北、重庆、四川、陕西等11个自由贸易试验区。在这些自由贸易试验区建设中，转变政府职能改革成效十分明显，对推动政府治理机构创新、提升政府治理能力起到重要的作用，集中体现在：一是放权。国家把一些国家级的或者省级的权限下放给自由贸易试验区，赋予自由贸易试验区更大的改革自主权，但仍存在尚未突破的空间。二是简化。审批程序从时间和空间上给予经济主体较大的便利，例如，上海自由贸易试验区率先进行商事制度改革，实行认缴制、简易注销、企业准入"单一窗口"、证照分离等主要在程序、手续和时间上的简化制度。但不能把简化作为自由贸易试验区追求的终极的目标，真正的目标是效率的切实提升。三是转移。政府将部分职能转移给中介机构，可以减轻职能部门的负担，提高工作效率。四是协调。协调是自由贸易试验区创新的重大贡献。职能部门之间由于部门利益或责任不清，导致协调不畅。设立自由贸易试验区前，政府相关职能部门之间存在一定的协调问题。比如，一个比较突出的案例就是关检协调，海关查验和进出口商品检验检疫之间就极难协调，往往是两家单位两次开箱两次查验，查的东西基本相同，给企业造成极大不便。现在，厦门自由贸易试验区进行了较大的创新改革，关检两个垂直系统第一次在地方层面实现了协调，首次实现了关检之间基本数据互认。又如，投资审批制度由"串联审批"改为"并联审批"，原来的投资审批是串联审批，操作方式就是在一个部门跑完了就去跑下一个部门，在这中间就会出现两个部门审批互为钳制的情况。现在的并联审批是企业将资料递交海关统一窗口，海关相关职能部门同时收到，同时审批，改变了过去"串联审批"容易出现部门审批难以协调的现象，大大提高了审批效率，提升了政府的执行力和公信力。比如平潭自由贸易试验区实施默认机制，在规定的时间内如果没有反馈就视同默认，谁监管谁负责。

**（三）创新贸易形式改善营商环境**

我国自由贸易试验区建设还创新了不少国际贸易形式，包括大宗商品交易、跨境电子商务、保税展示交易、离境退税、期货保税交割、维修业务、营运中心、文化贸易汽车平行进口、检验检测、知识产权、融资租赁等。这些国际贸易形式具有独特的功能，可直接改善我国营商环境，提供各种便利，促进国内消费需求的增加。比如，在没有保税的情况下，所有进口商品不管是销售还是展览，都必须先交税，这对于价值较小的商品影响不大，但如果是价值较大的商品，纳税人负担将很重。自由贸易试验区实行保税展示交易形式改变了这种状况，即商品入关时只要签订一个担保协议，就暂时不交税，直到该商品销售后才交。又如，过去在国内购买进口汽车较为昂贵，原因主要是国家规定所有品牌的汽车进口必须设有总经销商，而该总经销商虽然拥有较为完善且成熟的汽车进出口管理和服务体系，能对消费者提供安全保障，但同时对进口汽车拥有一定的市场势力，可以直接决定同样款式汽车在不同国家或地区不一样的价格。自由贸易试验区实行汽车平行进口交易方式后改变了这种机制，允许有资质的进口汽车企业，只要符合相关标准，有完备的售后服务体系，都可以从各种渠道进口汽车。这种竞争机制的建立无疑对汽车销售价格起到一定的平抑作用。

**（四）投资领域开放程度越来越高**

我国自由贸易试验区放宽了外资并购的准入限制，凡是不涉及准入特别管理措施的外资并购，全部实行备案管理制度。提升了投资领域开放度，实行从"正面清单＋准入后国民待遇"到"负面清单＋准入前国民待遇"的变革。设立自由贸易试验区前我国对待外资一般遵循正面清单规则和实施准入后国民待遇原则，开放程度不高，也不够灵活。负面清单是指将不准或者限制投资的行业或项目列出，相当于"黑名单"，"黑名单"之内不准投资或者限制投资，之外的均可投资。负面清单对中国最大的挑战在于，现在全世界有77个国家实行负面清单管理制度，但是这些国家负面清单管理制度总体上都有比较完善的法律体系，对负面清单之外进行严格限制。我国自由贸易试验区实行负面清单规则试点，且清单逐年变短，如2013年和2014年上海自由贸易试验区负面清单分别是190项、139项；2015年四个自由贸易试验区共享负面清单122项，2017年自由贸易试验区共享负面清单下降为95项；2018年实行极简版本，负面清单在45项以内，其中服务贸易的负面清单压缩到30项以内，负面清单除了包括已经宣布的金融、汽车领域开放举措之外，还在能源、资源、基础设施、交通运输、商贸流通、专业服务等领域取消或者放宽外资的限制,对外资的管理模式将更大程度地实行备案制。此外,自由贸易试验区还遵循准入前国民待遇原则。这一切都意味着我国正在不断加大开放底线和风险测试,自由贸易试验区投资领域的开放度越来越高,对外资的开放程度已经达到国际水平。

**(五)金融领域开放体系初步建成**

自由贸易试验区初步建成了金融领域开放体系。金融领域的开放创新集中体现在上海自由贸易试验区,比较受欢迎的创新制度有人民币双向资金池、经常项下集中收付、跨境本外币融资、融资租赁等。自由贸易试验区金融制度讲究"服务、改革、开放、创新、安全",具体而言,为实体经济服务,促进投资和贸易便利化;进行人民币资本项目可兑换、人民币的跨境使用、利率市场化和外汇管理等金融改革;扩大金融市场开放,对内加快民营资本进入金融服务业,对外不断扩大我国金融服务业开放的领域和程度;鼓励自由贸易试验区金融业务创新、产品创新、主体创新、监管创新,并为创新服务;结合自由贸易试验区金融开放创新的要求,不断构筑金融安全网,加强金融监管,防范金融风险等。

**(六)构建了较为完善的监管体系**

我国自由贸易试验区自建设以来,始终坚持"一线放开、二线安全高效管住"的原则,不断创新监管模式,完善监管制度。尤其上海自由贸易试验区,率先建立了可在全国范围内"可复制、可推广"的14项监管制度,其他自由贸易试验区在此基础上纷纷进行完善和推广。具体形式、特点和效果如表2-3所示:

## 第二章 中国自由贸易试验区(港)的建设历程与发展成效

**表 2 – 3 我国自由贸易试验区监管制度的特点和效果**

| 序号 | 监管制度形式 | 主要特点 | 主要效果 |
| --- | --- | --- | --- |
| 1 | 先进区、后报关制度 | 进境货物简要申报,在规定时限正式申报 | 依托区内信息化系统实施有效监管 |
| 2 | 区内自行运输制度 | 自行运输,无须施加关封、进行 GPS 定位 | 大幅降低企业通关时间和成本 |
| 3 | 加工贸易工单式核销制度 | 对使用 ERP 系统的生产制造企业实施联网管理,取消单耗审核与备案,以企业工单数据进行核销 | 符合企业生产规律,促进企业优化生产工艺 |
| 4 | 保税展示交易制度 | 保税+展示+内销+缴税 | 降低企业税收成本,改善营商环境 |
| 5 | 境内外维修制度 | 开展境内外维修业务,主要针对高技术、高附加值、无污染行业 | 依托信息化系统实施管理,优化生产链结构,促进加工贸易转型升级 |
| 6 | 期货保税交割制度 | 对在保税监管的货物开展期货实物交割 | 降低企业税负 |
| 7 | 融资租赁制度 | 对融资租赁货物分期缴纳租金,分期征税。允许符合条件企业,提供担保 | 降低企业税负和成本,吸引融资企业入区经营 |
| 8 | 批次进出,集中申报制度 | 分批次进出货物,在规定期限集中办理报关手续 | 企业申报自主权得以扩大,降低了通关成本,通关效率大大提高 |
| 9 | 简化通关作业随附单证 | 取消对一线进出境备案清单、二线不涉税的进出口报关单随附单证的要求,必要时要求企业提供相关随附单证 | 提高通关效率 |
| 10 | 统一备案清单 | 将区内不同监管区域的两种备案清单格式统一为 30 项申报要素 | 实现规范申报,推进自由贸易试验区一体化运作 |

续表

| 序号 | 监管制度形式 | 主要特点 | 主要效果 |
| --- | --- | --- | --- |
| 11 | 内销选择性征税制度 | 对区内的企业生产、加工并销往国内市场的货物,企业可选择缴纳进口关税 | 扩大企业内销 |
| 12 | 集中汇总纳税制度 | 允许企业在规定纳税周期内,对已放行货物向海关自主集中缴付税款 | 实行集约化后续审核和税收稽核,简化税收征管手续,提高通关效率 |
| 13 | 保税物流联网监管制度 | 对使用WMS的企业,实施"系统联网+库位管理+实时核注"管理模式 | 对货物进、出、转、存等实时监控和动态管理,提升物流运作效率 |
| 14 | 智能化卡扣验放管理制度 | 改造和升级自由贸易试验区卡口设施,简化卡口操作环节,实现自动比对、判别和验放 | 缩短通关时间 |

**(七) 初步构建自由贸易试验区的法治体系**

国务院根据全国人大授权暂时调整我国《外资企业法》《中外合资经营企业法》《中外合作经营企业法》和《台湾同胞投资保护法》等规定的有关行政审批及有关法规规章在区内的实施;暂时调整实施有关行政法规、国务院文件和经国务院批准的部门规章的部分规定。初步建立了自由贸易试验区管理制度。比如,上海市人大常委会出台了《中国(上海)自由贸易试验区条例》,市政府制定了《中国(上海)自由贸易试验区管理办法》等。此外,上海自由贸易试验区还推出了几乎与国际通行规则完全接轨的《仲裁规则》,自由贸易试验区法庭、知识产权法庭等相继成立,自由贸易试验区总裁院投入运行,商事调解机构已经入驻,初步形成了多元化争议解决机制,为自由贸易试验区的有序发展提供了基本保障。

## 二、自由贸易试验区建设存在的问题

### (一) 定位与运行机制产生偏离

从现行我国各自由贸易试验区的发展规划上看，几乎都能结合所在区域的发展规划和优势进行明确定位，以期产生辐射效应，带动周边地区的经济发展。例如，上海作为国际金融中心，其自由贸易试验区建设侧重于金融改革创新试点，探索投融资汇兑便利化，扩大人民币跨境使用，稳步推进利率市场化，深化外汇管理改革等；天津自由贸易试验区则与京津冀协同发展挂钩，以制度创新服务实体经济，有效带动环渤海经济发展；广东自由贸易试验区着眼于珠三角地区经济整合，力争建成粤港澳深度合作示范区；福建自由贸易试验区利用对台优势，尝试建成深化两岸经济合作的示范区等。但是，大多数自由贸易试验区在实践中较为注重自身机制的设置和运行，不太注重与国家发展战略对接、与周边地区进行有机协调，机制不畅、各自为政、自我内耗，导致自由贸易试验区一些领域的改革呈"碎片化"状态，政策配套和系统集成不到位，基本停留在审批速度、办证时限等程序层面的攀比上，尤其是第三批自由贸易试验区，片区太小，能够操作的空间有限，相对动力较弱，与国家建设自由贸易试验区初衷不符。

### (二) 开放程度尚未完全符合国际自由贸易区要求

从国际贸易法规和政策等方面看，我国自由贸易试验区还不是真正意义上的境内关外式的自由贸易试验区。"一线"没有充分放开，只是对区域内的企业和贸易有一定程度的放松和优惠，离岸贸易和离岸金融业务较少。自由贸易试验区虽然逐步实行负面清单制度，但限制自由贸易的行业仍然存在，金融领域中的人民币自由兑换、利率浮动等还在进一步探索开放中；负面清单在不断缩短，但与全球经贸规则新标准尤其是 TPP 要求相比，仍然过长，特别是服务贸易清单条目过多，没有完全达到压力测试和积累经验的预期目标。

**（三）尚未建成完善的监管体系**

我国自由贸易试验区的监管制度取得了不少创新性成果，但问题依然存在。虽然方案中明确"一线放开、区内自由""先进区、后报关"等管理原则，但海关、出入境等口岸管理机构的监督方式还需改进，许多自由贸易试验区，货物到港还要向海关申报，仍需进境备案清单；建立了国际贸易"单一窗口"制度，实际上仍存在占用企业人力、物力的现象，且多个国家部委在准入关针对一些货物设置了许可证件，增加了企业的成本。一些自由贸易试验区监管手段较为落后，没有完全实现电子化、智能化，通关速度和效率有待提升；事前事中监管不足，监管主体分散，存在多头管理但管理不到位等现象。

**（四）尚未形成完善的税收政策支持体系**

上海自由贸易试验区建设前，一直希望国家制定如同国外一些自由贸易区的税收政策，以增强自由贸易试验区的吸引力。然而，《中国（上海）自由贸易试验区总体方案》出台后，并没有建立完全独立的税收政策支持体系，而只是在某些领域给予一定的企业所得税、个人所得税、关税的减免，这与国外自由贸易区相比，无论从范围上还是力度上来说都存在一定的差距。

**（五）自由贸易试验区法律制度建设相对滞后**

迄今为止，我国已初步建立了自由贸易试验区管理制度，为我国自由贸易试验区的健康发展提供了基本保障。但是，与国际自由贸易试验区（港）法律制度相比，我国自由贸易试验区法律法规制度仍然滞后，改革创新与依法行政依然存在矛盾，开放条件下的风险防控体系尚需进一步完善。

## 第三节 加快我国自由贸易试验区（港）建设的制度创新——以海南为例

### 一、目标精准定位，有效落实政策

自由贸易试验区（港）建设不仅要明确发展定位，而且要努力探寻目标达成的可行路径。尤其要做好国家战略层面和地方发展需求的协调工作，相关职能部门要形成合力，着力加快配套制度的建设。具体应做到：一要切中国家发展战略，偏离国家发展战略的自由贸易试验区（港）发展站位不高，意义不大；二要切合地方实际，自由贸易试验区（港）发展应考虑所在地省域管辖机关的发展需求，以自由贸易试验区（港）发展带动当地的发展；三要对自由贸易试验区（港）充分授权，激发动力，取得切实成效。以海南为例，《指导意见》提出应将海南建设成"三区一中心"，"三区"是指全面深化改革开放试验区、国家生态文明试验区、国家重大战略服务保障区，"一中心"是指国际旅游消费中心。这是结合海南的地缘优势以及国家发展战略进行的精准定位。这种目标定位要有效实现就应落实到具体产业上，即坚决不搞工业，不搞中转贸易，应促进房地产业健康发展，重点发展旅游业、现代服务业、高新技术产业等。

### 二、加快统筹布局，完善顶层设计

加快我国自由贸易试验区（港）建设，应提高对自由贸易试验区（港）制度创新重要性的认识，加快统筹布局，完善顶层设计，根据国内外形势变化和新要求，制定高标准且切实可行的实施方案。具体可分两步走，第一步是加快现有自由贸易试验区的建设。尤其新设立的自由贸易试验区，应虚心学习，到各地取经，复制并有效落实现有制度；要逐步探索，开展制度创新，建议国家相关部门加快统筹布局，引导我国各地区因地制宜、错位发展，不要"一哄而上"。第二步是在自由贸易试验区充分发展的基础上，逐步探索并实施具有中国特色的自由贸易港建设总体布局、建设方案和战略举措。以海南为例，首先应在政府改革、市场准入、贸易便利和金融创新等领域复制国内 11 个自由贸易试验区的成功经验，并逐步探索推进诸如外国人入境免签、离岸注册、离岸贸易、离岸金融、"资金、技术、货物"自由进出的监管制度等；其次应在财政税收法律等制度方面有所创新和完善，以吸引全球优秀企业和人才来海南发展，打造真正意义上有中国特色的自由贸易港。

**三、加大压力测试，放开投资准入**

各国或地区的自由贸易试验区（港）开放性一般较高，有些甚至是全域开放，便利化、自由化水平呈不断上升趋势。例如，中国香港除了赌博业受管制，电信、广播、电视、新闻等少数行业有一定准入条件外，其他所有行业高度开放，允许私人外资进入，且不限制股比；除了毒品、军火等特殊商品以及进行一定控管的烟酒、碳酸饮料之外，绝大多数的商品自由进出。新加坡除了金融、保险、证券等特殊领域须向主管部门备案，新闻业、广播业的出资比例分别不得超过 30% 和 49%[①]，外资不得进入国防领域等之外，其他所有行业均向外资开放且无股比限

---

① 商务部国际贸易经济合作研究院课题组. 中国（上海）自由贸易试验区与中国香港、新加坡自由港政策比较及借鉴研究 [J]. 科学发展，2014（9）.

制。在科隆，任何自然人或法人均可注册，无需营业执照，也没有最低投资要求。阿联酋对外资准入有限制，要把一部分股权划拨给当地的自然人，但是在迪拜杰贝阿里自由区不受该条件限制。

我国自由贸易试验区（港）的建设，要保持一定的吸引力，就应实现"境内关外"机制下的"一线"充分放开，适度开放离岸贸易和离岸金融；探索实行自由贸易港"极简版负面清单"制度，可使负面清单进一步接近并达到TPP水平。自由贸易试验区（港）应设立开放风险压力测试区域，同国际经贸规则加强衔接[1]，积极对标最高国际标准，进一步放宽尤其是专业服务业和先进制造业的投资准入；实施贸易便利化新规则；进一步深化金融开放创新等。此外，建议自由贸易试验区（港）"一线"充分放开的政策措施，保持至少5年的稳定性，5年内或更长时期不实行"二线有效渗透"，不向区外复制推广，成为真正的开放高地，使之具有阶段性飞地经济属性。

### 四、创新监管制度，提高通关效率

国际上，许多自由贸易试验区（港）管理机构协调性较强，监管手段先进规范，通关效率较高。例如，中国香港报关就非常简便，只需货物输入或输出后14日内向海关详细呈报商品所有付运资料和报关单即可。新加坡实行全生命周期的电子化货物监管，进出口或者转口贸易有关的全部手续均通过海关系统贸易网络进行，通过电脑终端10秒钟即可完成，10分钟即可获得审批

---

[1] 随着WTO体制日益边缘化，双边投资协定（BIT）、国际服务贸易协定（TISA）、跨太平洋伙伴关系协议（TPP）和跨大西洋贸易与投资伙伴协议（TTIP）等国际经贸规则逐渐盛行。

结果；通关监管部门通过单一窗口统一实施监管。

我国自由贸易试验区（港）应继续转变政府职能，创新监管制度，力争打造提升政府治理能力的先行区。中央应加大对各自由贸易试验区（港）的简政放权力度，由各地自由贸易试验区（港）自主决策、自主管理；进一步简化监管流程，建立单一窗口、单一平台、单一管理机构等管理架构，比如，将贸易监管部门，包括海关、检验检疫、外汇、支付等接入"单一窗口"作业平台，实现集约式、一站化的高效管理；全面深化商事登记制度改革，建立安全高效便捷的海关综合监管新模式，建立检验检疫风险分类监管综合评定机制等；建立市场主体自律、业界自治、社会监督、政府监督为一体的事中事后监管体系；优化信息互联共享的政府服务体系，利用大数据，根据信息流、物流等发现风险疑点，进行抽检；构建体现开放最前沿的体制机制，在确保自由贸易试验区（港）生态安全、经济安全的前提下，实现通关"五不"：不申报、不征税、不查验、不统计、不设账册。

**五、完善税收制度，形成洼地效应**

我国自由贸易试验区在税收政策方面与非自由贸易试验区相比存在一定的优势，但由于当前我国自由贸易试验区的发展定位、国家发展战略以及国际形势，决定了我国现行自由贸易试验区税收政策与世界许多自由贸易试验区（港）相比，优惠程度还远远不够。世界绝大多数的自由贸易试验区（港）建设都离不开税收优惠政策的支持。例如，中国香港在全域范围内实施零关税政策（酒类、烟草、碳氢油类及甲醛除外）；实行税收地域管辖权，中国香港企业在海外获得营业利润不交税；企业所得税税率较低，有限公司税率为16.5%，非有限公司税率为15%等。新加坡企业所得税的税率仅为17%；除酒类、烟草、石油、机动车外，所有进口商品免征关税。巴拿马科隆货物进口和转口免关税，区内企业产品向美国和欧洲出口不受配额限制并享受优惠关税；科隆企业所得税税率为 2%—5%，大大低于巴拿马公司所得税 30%—40% 的税率；韩国釜山自由区企业所得税税收 7 年减 100%，之后 3 年减 50%；迪拜 50 年内不交所得税等。

因此，在我国从自由贸易试验区到自由贸易港的建设中，要吸引大量的纳税人进入自由贸易试验区（港）进行投资建设，税收政策应有所创新和突破。尤其在海南逐步探索、稳步推进中国特色自由贸易港建设中，构建税收优惠政策体系不仅符合"国际惯例"，也与我国国情和海南省省情相符。当前海南税收收入规模较小，占全国税收收入比重 3% 左右①，制定税收优惠政策给国家财政造成的压力和风险较小，但由此形成的"洼地效应"较强，能吸引国内外资本涌向海南，带动海南经济的繁荣发展。当前应着手关税、增值税、消费税的全面改革；改革出口退税制度；重点研究企业所得税、个人所得税和预提所得税的改革和试点。

**六、健全法律制度，提供优先保障**

国际上，自由贸易试验区（港）并不总是被推崇，因为一线放开，二线如果不能安全高效管住，就可能成为规避税收、贪污腐败和洗钱的场所。为此，各国一般要通过国会颁布特殊法对自由贸易试验区（港）建设提供法律保障。比如，新加坡为建立"六港一空"自由贸易区，在 1969 年制定了《自由贸易区法》。美国 1993 年建立了《对外贸易区法案》。韩国 2003 年通

---

① 据统计，2016 年全国税收收入为 130360.73 亿元，海南税收收入只有 4053.20 亿元，占全国税收收入的 3.1%。

过了《关于经济自由区域的指定及运营的法规》，为釜山自由贸易港的建设提供了最大程度的法律保障。因此，自由贸易试验区（港）建设，尤其对于疆域广阔的海南自由贸易试验区（港）建设，必须要做长期细致的研究和规划，完善法律体系，做好各种风险防范工作。建议遵循国际上"先立法，后设区"的国际惯例，完善基本立法，并创新地方立法。具体可以由国家统一颁布《中国自由贸易试验区（港）法》，作为过渡性措施，地方省市政府可先行颁布《自由贸易试验区（港）条例》。基本内容是明确自由贸易试验区（港）的定义、特点、功能定位、运行机制，明确自由贸易试验区（港）法律效力、明确相关配套制度等。

**七、海南自由贸易试验区（港）建设的制度创新**

加快我国自由贸易试验区建设步伐，稳步推进中国特色自由贸易港建设，对中国而言是百年大计，甚至是千年大计，具有深远意义。党中央对此高度关注，决心很大，尤其关于海南自由贸易试验区（港）建设，更是习近平总书记"亲自谋划、亲自部署、亲自推动"的重大发展战略。加快自由贸易试验区（港）建设不仅要精准定位、顶层设计和制度创新，还要借鉴世界各国或地区自由贸易试验区（港）建设经验，根据实际情况适度开放，更需转变思维，牢牢树立创新思维、底线思维、统筹思维和合作思维，以促进我国自由贸易试验区（港）的长足发展。

**（一）协调好国家和地方的关系**

国家战略和地方发展之间应该找到一个平衡点进行协调。国家层面对自由贸易试验区（港）的要求是能否完成了对标国际，但是从地方角度，更加关注自由贸易试验区（港）是不是对区域发展有好处，这两者之间必然会产生目标和政策落实的差异。建议，在自由贸易试验区（港）建设的具体工作中要关注三个

## 第二章　中国自由贸易试验区（港）的建设历程与发展成效

"切"。第一，要切中国家战略，如果跟国家战略不保持一致，自由贸易试验区（港）本身所完成的经济指标对国家意义不大，因此，自由贸易试验区（港）应该站在实施国家战略的高度做一些制度的探索和尝试；第二，要切合地方实际发展。毕竟各个自由贸易试验区（港）都有所在地的省域管辖机关，有一些地方的发展需求合乎情理；第三，要取得切实成效，无论是从国家还是地方的层面，都要有一些实实在在的发展成效。从开放的角度，自由贸易试验区（港）要适用负面清单，实现真正体制机制改革和效能提升；在贸易方面，要切实解决好"一线放开、二线安全高效管住"等问题，尤其要加强事中事后监管。自由贸易试验区（港）的发展注重顶层设计，要有一个高效的工作推进机制。另外，对标国际，做好自身的特色领域，切忌盲从和攀比。

### （二）解放思想实现思维大转换

首先，从遵从思维转为创新思维。我国一直按照遵从思维搞改革和开放，比如，对WTO规则的遵从，按照规则要求的范围和模式进行开放，是一种正面清单的思维模式。但是，当今世界的贸易规则发生变化了，如果现在开放还仅仅是遵从思维，没有创新思维，就很难适应国际经营规则的要求。其次，从边界思维转向底线思维。未来海南自由贸易试验区（港）的建设需要从边界思维中跳出来，更多地向底线思维转化，要在底线之上自主创新地开放。要解除思想禁锢，打破封闭落后的思想观念束缚，冲破无形藩篱，走在解放思想和改革开放的前列，继续弘扬敢为人先、大胆探索、改革创新的特区精神，坚持从省情出发，以国际大视野规划和实施国家发展改革战略，创新具有海南特色和活力十足的体制机制，不断开创经济社会发展新局面，最大限度地凝聚一切发展力量，共同创造海南的美好未来。再次，从局部思维转到统筹思维。改革开放是一个系统性工程，任何一个局部范围的限定都会影响到整体开放效果，因此，要有全局和统筹意识来开展对外开放。最后，从独立思维到合作思维开放。要更加关注区域整体开放，以一种合作思维的方式设计发展战略。

**（三）发挥海南优势搞特色发展**

由于多方面原因，与发达省份相比，海南在人才资源、资本存量、科技创新和市场规模等方面的确存在一定差距。但作为全国最大的经济特区，我们也应看到，海南具有其他地区无法比拟的独特优势。第一，资源环境优势。海南是我国唯一的热带岛屿省份，拥有得天独厚的热带土地资源、海洋资源、矿产资源、石油资源，为海南发展热带农业、海洋渔业、生物制药以及油气工业和海洋运输等产业提供良好的平台。海南还拥有独特的热带海岛资源和最好的生态环境，青山绿水、蓝天白云、阳光沙滩以及清新的空气和温暖的冬季使海南成为国内外游客向往的重要度假旅游目的地。第二，区位地缘优势。海南位居中国南海，西临北部湾与越南，东南和南面与菲律宾、文莱和马来西亚为邻，北以琼州海峡与广东省和广西相望，拥有得天独厚的地缘优势，有利于海南发展外向型经济。第三，特区政策优势。海南作为全国最大的经济特区，蕴含着海南的政策和体制机制优势，意味着经济特区的改革必须要有敢闯敢试、敢为人先的特区精神，要主动突破一切束缚发展的体制机制障碍，在向改革要动力，向开放要活力。第四，开放平台优势。作为国际旅游岛，国家赋予海南离岛购物免税、航权开放、落地免签、离岸金融等一系列开放政策，使之更有优势打造成"世界一流的海岛休闲度假旅游目的地"和"国际经济合作和文化交流的重要平台"。因此，海南一定要充分发挥自身优势，大力发展高新技术产业、旅游业和现代服务业，坚决不搞工业，不搞中转贸易，要与香港的发展形成一种错位发展关系，起到优势互补，相互依托的作用。

### （四）加强监管防范与控制风险

自由贸易试验区（港）的建设在国际层面存在一定的道德风险，因为开放范围较广，自由程度较高，世界各国的资金、人员自由进出，如果没有健全的监管制度，不加强监管，容易成为贪污腐败和洗钱的场所，成为侵蚀国家税基，造成国家税收损失的避税地。因此，在3.5万平方公里的海南搞自由贸易试验区（港），必须要经过长期细致的研究，从国家层面去推进，做好各种风险防范工作。

总之，海南进行自由贸易试验区（港）建设，在中国打造一个具有最大规模、高度繁荣、便利的自由贸易试验区和自由贸易港，具有深远意义。中央在这个问题上下的决心很大，习近平总书记亲自谋划、亲自部署、亲自推动。30年的风雨兼程，海南面对这一次重大历史机遇，在深感荣耀自豪的同时，应该肩负起建设重担，撸起袖子大干一番，给党中央，给全国人民交上一份满意答卷。

# 第三章

# 中国自由贸易试验区现行税收制度效果与问题分析

## 第一节 中国自由贸易试验区税收制度现状

### 一、保税区的税收政策

我国自由贸易试验区的前身是各种保税区，保税区在每一个阶段都有不同程度的税收优惠政策。

#### （一）保税区的初级阶段

从20世纪80年代末，我国就开始设立保税区，于1987年、1990年在深圳设立了两个保税工业区，分别是"深圳市沙头角保税工业区"和"深圳市福田保税工业区"。保税区内实行一定的税收优惠政策，其中主要是关税优惠。

（二）保税区的发展阶段

1990年，我国正式成立上海高桥保税区，加快了上海对外开放的步伐，标志着我国保税区进入新的发展阶段。截至1996年，我国先后建成了天津港、广州、大连等15个保税区。这一时期的保税区享受的税收优惠政策较多，除了关税豁免之外，还有所得税、增值税、消费税等减免，还实行保税和退税制度。

（三）综合保税区发展阶段

综合保税区和保税港区一样，是我国开放层次最高、优惠政策最多、功能最齐全、手续最简化的特殊开放区域。综合保税区功能更为齐全，它整合原来保税区、保税物流园区、出口加工区等多种外向型功能区后，成为更为开放的一种形态，也更符合国际惯例。

综合保税区是设立在内陆地区的具有保税港区功能的海关特殊监管区域，由海关参照有关规定对综合保税区进行管理。截至2014年12月，经国务院批准设立的综合保税区有38个。区内享受税收政策有：国外货物入区保税；货物出区进入国内销售，按货物进口的有关规定办理报关，并按货物实际状态征税；国内货物入区视同出口，实行退税；区内企业之间的货物交易不征增值税和消费税。

二、中国自由贸易试验区的税收制度现状

国务院于2013年9月27日批准了《中国（上海）自由贸易试验区总体方案》，其中提出了涉及投资和贸易共七项税收政策；并明确要求"探索与试验区相配套的税收政策"。之后在第二批（广东、天津、福建）和第三批（辽宁、浙江、河南、湖北、重庆、四川、陕西）自由贸易试验区的实施方案中，基本的表述都是：抓紧落实现有相关税收政策，充分发挥现有政策的支持促进作用。中国（上海）自由贸易试验区、中国（广东）自由贸易试验区、中国（天津）自由贸易试验区、中国（福建）自由贸易试验区已经试点的税收政策原则上可在自由贸易试验区进行试点，其中促进贸易的选择性征收关税、其他相关进出口税收等政策在自由贸易试验区内的海关特殊监管区域进行试点。自由贸易试验区内的海关特殊监管区域实施范围和税收政策适用范围维持不变。此外，在符合税制改革方向和国际惯例，以及不导致利润转移和税基侵蚀前提下，积极研究完善适应境外股权投资和离岸业务发展的税收政策等等。但同时，尤其是广东、福建、天津、浙江、湖北等省份都围绕其自由贸易试验区的目标定位或多或少地制定个性化的税收政策和制度。因此，可将这 11 个自由贸易试验区的税收制度安排按共性和个性进行分类和梳理。

**（一）共性的税收制度安排**

1. 实施促进投资的税收政策

一是注册在试验区内的企业或个人股东，因非货币性资产对外投资等资产重组行为而产生的资产评估增值部分，可在不超过 5 年期限内，分期缴纳所得税，简称为"非货币性资产投资政策"。① 二是对试验区内企业以股份或出资比例等股权形式给予企业高端人才和紧缺人才的奖励，实行已在中关村等地区试点的股权激励个人所得税分期纳税政策，简称为"股权激励政策"。

---

① 财政部、国家税务总局于 2013 年 11 月 15 日下发了《关于中国（上海）自由贸易试验区内企业以非货币性资产对外投资等资产重组行为有关企业所得税政策问题的通知》（财税［2013］91 号），明确了注册在试验区内符合条件企业因非货币性资产对外投资等资产重组行为确认的非货币性资产转让所得，可在不超过 5 年期限内，享受递延纳税政策，实体政策和后续管理也较为完整。

2. 实施促进贸易的税收政策

一是将试验区内注册的融资租赁企业或金融租赁公司在试验区内设立的项目子公司纳入融资租赁出口退税试点范围。

二是对试验区内注册的国内租赁公司或租赁公司设立的项目子公司，经国家有关部门批准从境外购买空载重量在25吨以上并租赁给国内航空公司使用的飞机，享受相关进口环节增值税优惠政策。[①]

三对设在试验区内的企业生产、加工并经"二线"销往内地的货物照章征收进口环节增值税、消费税。根据企业申请，试行对该内销货物按其对应进口料件或按实际报验状态征收关税的政策。

四是在现行政策框架下，对试验区内生产企业和生产性服务业企业进口所需的机器、设备等货物予以免税，但生活性服务业等企业进口的货物以及法律、行政法规和相关规定明确不予免税的货物除外。

五是完善启运港退税试点政策，适时研究扩大启运地、承运企业和运输工具等试点范围。

3. 探索研究的税收政策

在符合税制改革方向和国际惯例，以及不导致利润转移和税基侵蚀的前提下，积极研究完善适应境外股权投资和离岸业务发展的税收政策。

4. 其他全部或者部分共享的政策

2015年4月21日，国家税务总局颁布的《关于创新自由贸

---

① 对试验区内注册的国内租赁公司或其设立的项目子公司，经国家有关部门批准从境外购买空载重量在25吨以上并租赁给国内航空公司使用的飞机，享受《财政部 国家税务总局关于调整进口飞机有关增值税政策的通知》（财关税〔2013〕53号）和《海关总署关于调整进口飞机进口环节增值税有关问题的通知》（署税发〔2013〕90号）规定的增值税优惠政策。

易试验区税收服务措施的通知》（税总函〔2015〕208号）对广东、天津、福建和上海适用，规定在将上海自由贸易试验区"办税一网通"10项创新税收服务措施推广至广东、天津、福建自由贸易试验区的同时，再在广东、天津、福建、上海自由贸易试验区推出10项创新税收服务措施，统称为"办税一网通10+10"。前者包括网上自动赋码、电子发票网上应用、网上自主办税、网上区域通办、网上直接认定、非居民税收网上管理、网上按季申报、网上审批备案、纳税信用网上评价和创新网上服务。① 后者包括国地办税一窗化、自助业务一厅化、培训辅导点单化、缴税方式多元化、出口退税无纸化、业务预约自主化、税银征信互动化、税收遵从合作化、预先约定明确化、风险提示国别化。

2018年10月1日财政部和国家税务总局颁布《关于跨境电子商务综合试验区零售出口货物税收政策的通知》（财税〔2018〕103号）规定，为进一步促进跨境电子商务健康快速发展，培育贸易新业态新模式，对跨境电子商务综合试验区内的跨境电子商务零售出口货物有关税收政策进行规范，其中，对综试区电子商务出口企业出口未取得有效进货凭证的货物，同时符合一定条件的，试行增值税、消费税免税政策。这里所称综试区，是指经国务院批准的跨境电子商务综合试验区。目前我国自由贸易试验区部分属于综试区，因此可享受该项政策。

**（二）个性的税收制度安排**

1. 广东自由贸易试验区的税收制度安排

广东省政府和税务机关非常重视税收政策对经济发展的促进

---

① 详见《国家税务总局关于支持中国（上海）自由贸易试验区创新税收服务的通知》（税总函〔2014〕298号）和《国家税务总局关于印发〈中国（上海）自由贸易试验区创新税收服务措施逐步复制推广方案〉的通知》（税总函〔2014〕545号）。

作用。在自由贸易试验区设立之前，国家对于深圳、前海、横琴等开发区已经颁布许多税收优惠政策；自由贸易试验区设立之后，广东省政府和税务机关更是享受了许多其他地区所没有的独特政策优势，并且在税务管理方面也进行许多创新。

（1）自由贸易试验区建立前的税收政策。

2013年5月20日，财政部和海关总署联合发布了《关于横琴开发有关进口税收政策的通知》（财关税〔2013〕17号），就横琴开发有关进口货物税收政策进行规范，并罗列出在"一线"不予免税、不予保税的货物清单等。

2014年3月25日，财政部、国家税务总局发布了《关于广东横琴新区福建平潭综合实验区深圳前海深港现代服务业合作区企业所得税优惠政策及优惠目录的通知》（财税〔2014〕26号），基本规定如下：

第一，对设在横琴新区、平潭综合实验区和前海深港现代服务业合作区的鼓励类产业企业减按15%的税率征收企业所得税。

第二，企业在优惠区域内、外分别设有机构的，仅就其设在优惠区域内的机构的所得确定适用15%的企业所得税优惠税率。在确定区域内机构是否符合优惠条件时，根据设在优惠区域内机构本身的有关指标是否符合本通知第一条规定的条件加以确定，不考虑设在优惠区域外机构的因素。

第三，企业既符合本通知规定的减按15%税率征收企业所得税优惠条件，又符合《中华人民共和国企业所得税法》及其实施条例和国务院规定的其他各项税收优惠条件的，可以同时享受；其中符合其他税率优惠条件的，可以选择最优惠的税率执行；涉及定期减免税的减半优惠的，应按照25%法定税率计算的应纳税额减半征收企业所得税。

涉及个人所得税优惠政策的自由贸易试验区也主要是福建和

广东自由贸易试验区。如从 2013 年 1 月 1 日起至 2020 年 12 月 31 日，工作于福建和广东特定区域的港澳台居民，其应纳个人所得税不仅享有差额补贴且补贴免税的税收政策。具体地说：一是针对工作于横琴新区的港澳居民，政府应以内地与港澳地区个税税负差额为限给予相应补贴且补贴免税。二是针对工作于符合前海优惠类产业的境外高端、紧缺人才，就其缴纳的个税超过工薪应纳税所得额总额 15% 的部分享受财政补贴返还且免税。三是针对工作于平潭综合实验区的台湾居民，政府应以大陆与台湾地区个税税负的差额为限给予相应的补贴且补贴免税。

2015 年 4 月 29 日，深圳市地方税务局、深圳市国家税务局为全面落实深圳前海深港现代服务业合作区企业所得税优惠政策，明确申报流程，优化纳税服务，规范管理方式，根据财税 [2014] 26 号的有关规定，发布《深圳前海深港现代服务业合作区企业所得税优惠政策操作指引的通告》（深地税告 [2015] 1 号），将有关政策内容、适用范围、申报流程、优惠管理、界定管理等做出较为详细的规定。

2014 年 6 月 11 日，财政部、海关总署、国家税务总局联合颁布了《关于横琴、平潭开发有关增值税和消费税政策的通知》（财税 [2014] 51 号），基本内容包括：

第一，增值税和消费税退税政策（略）。

第二，横琴、平潭各自的区内企业之间销售其在本区内的货物，免征增值税和消费税。但上述企业之间销售的用于其本区内商业性房地产开发项目的货物，以及按本通知第五条规定被取消退税或免税资格的企业销售的货物，应按规定征收增值税和消费税。

第三，横琴、平潭已享受免税、保税、退税政策的货物销往内地，除在"一线"已完税的生活消费类等货物外，按照有关规定征收进口税。

第四，横琴、平潭的在"一线"已完税的生活消费类等货物销往内地的，由税务机关按照现行规定征收增值税和消费税。

第五，横琴、平潭的企业应单独核算按照本通知第一条或第二条规定退税或免税的货物。主管税务机关发现企业未按规定单独核算的，取消其享受本通知规定的退税和免税资格2年，并按规定予以处罚。

第六，横琴、平潭的商业性房地产开发项目，由各自的区管委会行业主管部门会同当地财政、国税部门联合认定。

2015年1月5日，国家税务总局根据财税〔2014〕51号文发布了《横琴、平潭开发有关增值税和消费税退税管理办法（试行）》的公告（国家税务总局公告2014年第70号），规范对两个地区的退税管理。

（2）自由贸易试验区建立后的税收政策。

2015年4月8日，国务院颁发《关于印发中国（广东）自由贸易试验区总体方案的通知》规定，抓紧落实现有相关税收政策，充分发挥现有政策的支持促进作用。中国（上海）自由贸易试验区已经试点的税收政策原则上可在自由贸易试验区进行试点，其中促进贸易的选择性征收关税、其他相关进出口税收等政策在自由贸易试验区内的海关特殊监管区域进行试点。自由贸易试验区内的海关特殊监管区域实施范围和税收政策适用范围维持不变。深圳前海深港现代服务业合作区、珠海横琴税收优惠政策不适用于自由贸易试验区内其他区域。此外，在符合税制改革方向和国际惯例，以及不导致利润转移和税基侵蚀前提下，积极研究完善适应境外股权投资和离岸业务发展的税收政策。结合上海试点实施情况，在统筹评估政策成效基础上，研究实施启运港退税政策试点问题。符合条件的地区可按照政策规定申请实施境外旅客购物离境退税政策。

2015年5月20日，财政部和海关总署联合发布了《关于中国（广东）自由贸易试验区有关进口税收政策的通知》（财关税[2015]19号），为贯彻落实《中国（广东）自由贸易试验区总体方案》中的相关政策，就中国（广东）自由贸易试验区（以下简称自由贸易试验区）有关进口税收政策作出通知：

第一，中国（上海）自由贸易试验区已经试点的进口税收政策原则上可在自由贸易试验区进行试点。

第二，选择性征收关税政策在自由贸易试验区内的海关特殊监管区域进行试点，即对设在自由贸易试验区海关特殊监管区域内的企业生产、加工并经"二线"销往内地的货物照章征收进口环节增值税、消费税，根据企业申请，试行对该内销货物按其对应进口料件或按实际报验状态征收关税的政策。

第三，在严格执行货物进出口税收政策前提下，允许在自由贸易试验区海关特殊监管区域内设立保税展示交易平台。

第四，自由贸易试验区内的海关特殊监管区域实施范围和税收政策适用范围维持不变。深圳前海深港现代服务业合作区、珠海横琴税收优惠政策不适用于自由贸易试验区内其他区域。

2015年10月15日，广东省地方税务局关于支持南沙自由贸易试验区创新发展的若干意见（粤地税发[2015]100号），规定如下：

第一，支持南沙区地税局体制机制创新。例如减少管理审批层级；支持南沙区地税局按照统筹管理、分级负责、权责一致、精干高效的原则，建立与自由贸易试验区建设相适应的管理机制，提高服务自由贸易试验区建设的行政效能；南沙区地税局行使广州地税局在房产税、土地使用税、契税、耕地占用税等方面的税收减免管理权限；南沙区地税局比照广州市地税局执行

《广东省地方税务局广东省国家税务局关于延期缴纳税款审批权限下放的公告》，即纳税人延期缴纳税款金额 2000 万元以下的由南沙区地税局直接审批，2000 万元以上（含本数）的由南沙区地税局直接报省局审批，并向广州市地税局备案。

第二，支持南沙区地税局积极争取有利于自由贸易试验区发展的税收政策。结合南沙自由贸易试验区产业规划和功能定位，积极开展离岸金融业务、跨境电商、吸引境外融资、引进国际人才、粤港澳深度合作等新业态方面的税收政策研究，争取相关税收政策在南沙自由贸易试验区先行先试。省局加强与国家税务总局对口司局的沟通，及时反馈南沙自由贸易试验区税收政策需求和税收政策执行中遇到的问题。

第三，支持南沙区地税局适应商事制度改革需要，推进税收征管创新。支持南沙区地税局在简化行政审批、优化办税流程的基础上，探索"先办理、后监管""互联网＋税务"税收征管新方式。南沙区地税局比照广州市地税局执行发票计划、发票印制管理、发票配送、发票仓库设置、商请市（区）外发票业务等管理权限。赋予南沙区地税局相应的系统管理权限。南沙区地税局按照本地业务需求进行业务设置，根据自身需要单独设置有关事项在系统的流转和办结方式，直接向省局报送需要省局解决的信息系统运维问题。支持南沙区地税局深入开展数据应用工作，调整税源与征管状况监控分析的相关指标。

第四，支持南沙区地税局创新纳税服务方式。支持南沙区地税局全面落实国家税务总局"办税一网通 10＋10"创新税收服务措施，重点在国地税深度合作方面走在全国前面，并逐步将创新措施从自由贸易试验区向全省推广复制。

第五，支持建立南沙自由贸易试验区地税网站。在广东地税门户网站群设置南沙分站，按照全国政府网站普查和网站群管理规定要求进行建设与运维,并向广州市地税局备案。

第六,调整公文管理方式。省局正式下发的相关文件直接主送给南沙区地税局。南沙区地税局根据工作需要,可径向省局行文,同时抄送广州市地税局备案;省局对相关工作可直接批复南沙区地税局,同时抄送广州市地税局。

第七,调整绩效管理考核内容。重点考核南沙区地税局的改革创新工作。

第八,加强组织领导。省局成立支持广东自由贸易试验区创新发展领导小组。领导小组负责研究解决服务广东自由贸易试验区创新发展的重大涉税(费)问题,统筹指导广东自由贸易试验区地方税收管理体制、机制、制度改革创新,及时总结和推广改革创新经验和做法,推动广东自由贸易试验区建设国际化、市场化、法治化营商环境。

2015年4月23日,深圳市国家税务局发布《关于创新自由贸易试验区税收服务10项措施的通告》(2015年第5号),为支持自由贸易试验区创新发展,在税务总局发布"办税一网通10+10"的基础上,深圳市国家税务局决定在中国(广东)自由贸易试验区前海蛇口片区打造办税自治、风险防控、公众参与的现代税收治理模式,构建纳税人、税务机关、社会组织多元参与的税收管理服务格局,切实做到"为纳税人办好事、让纳税人好办事",推出税收服务创新10项措施。并于2015年5月7日发布关于创新自由贸易试验区税收服务10项措施通告解读。通告内容如下:

第一,便利办税。对签署税收遵从承诺书的纳税人,税务机关将提供更多的办税便利和更宽松的办税环境,如享受A级纳税人服务待遇、由限量供应改为按需领用发票等。

第二,风险提示。对纳税人涉税风险,以及"走出去"企业的涉外税收风险,税务机关定期发布提示。

第三,自主购票。纳税人可选择电子发票;代开发票、申领发票可网上办理;实物发票可快递送达。

第四,多元缴税。纳税人可以通过境内异地账户、境外人民币账户办理税收缴款业务,可以使用网银支付、第三方支付、移动支付等新兴金融渠道缴纳税款。

第五,电子服务。纳税人可以通过深圳国税电子税务局自由贸易试验区专用通道,实现所有涉税事项网上办理。实现出口退税无纸化办理、国地税业务一窗统办。

第六,审批直办。凡信用等级高并作出合法性、真实性承诺的纳税人,提交的非行政许可审批类涉税文书,税务机关只做完整性和逻辑性审核,直接出具办结文书。

第七,权益救济。对纳税人的服务投诉,税务机关设置前置调解程序,引入第三方社会调解员,采取现场调解以及网上、电话或上门等方式进行调解。

第八,全境执业。已执业备案的香港注册税务师出具的自由贸易试验区企业涉税鉴证报告,税务机关予以采信;具备条件后,香港注册税务师可以在自由贸易试验区全境执业并担任特殊普通合伙税务师事务所合伙人。

第九,信用融资。对A级纳税人可提供互联网银行融资便利。纳税人可以在自由贸易试验区企业信用信息平台中查询纳税信用。

第十,政策辅导。纳税人可以在网上学堂参加视频培训,实现全天候点"单"培训,并与税务机关线上互动,也可以通过税收政策研讨平台参与政策诉求反馈,提出政策建议和意见。

2. 天津自由贸易试验区的税收制度安排

2015年4月20日,国务院下发了《关于印发中国(天津)

自由贸易试验区总体方案的通知》规定，中国（上海）自由贸易试验区已经试点的税收政策原则上可在自由贸易试验区进行试点，其中促进贸易的选择性征收关税、其他相关进出口税收等政策在自由贸易试验区内的海关特殊监管区域进行试点。自由贸易试验区内的海关特殊监管区域实施范围和税收政策适用范围维持不变。在符合税制改革方向和国际惯例，以及不导致利润转移和税基侵蚀前提下，积极研究完善适应境外股权投资和离岸业务发展的税收政策。

该通知还强调某些税收政策的充分利用，例如积极发展跨境电子商务，并完善与之相适应的海关监管、检验检疫、退税、跨境支付、物流等支撑系统；在执行现行税收政策前提下，提升超大超限货物的通关、运输、口岸服务等综合能力。扶持和培育外贸综合服务企业，为从事国际采购的中小企业提供通关、融资、退税、国际结算等服务；在严格执行货物进出口税收政策前提下，允许在海关特殊监管区域内设立保税展示交易平台；充分利用现有中资"方便旗"船税收优惠政策，促进符合条件的船舶在自由贸易试验区落户登记；允许在自由贸易试验区内注册的符合条件的中外合资旅行社，从事除台湾地区以外的出境旅游业务，符合条件的地区可按政策规定申请实施境外旅客购物离境退税政策。

2018年5月4日，国务院发布《关于印发进一步深化中国（天津）自由贸易试验区改革开放方案的通知》（国发［2018］14号）中，也提到一些税收政策：例如，深入推进行政审批职能与流程优化，随增值税、消费税附征的城市维护建设税、教育费附加免于零申报；建成高水平的国际贸易"单一窗口"，待条件成熟后逐步将出口退（免）税申报纳入"单一窗口"管理；创新发展跨境电子商务，鼓励企业建设出口产品"海外仓"和海外运营中心,在符合相关监管政策前提下,支持跨境电商网购保税进口商品进入海关特殊监管区域时先理货后报关,支持开展保税备货、境内交付模式的跨境电商保税展示业务;创新大宗商品和文化贸易管理模式。在海关特殊监管区域内创新大宗商品现货市场保税交易制度,探索商品备案自动审核、货到即时备案、涉税担保实时验放等措施;支持具备相关资质的船舶供油企业开展国际航行船舶保税油供应业务,建设华北国际航行船舶保税油供应基地。支持在海关特殊监管区域依法合规开展面向全球的保税文化艺术品展示、拍卖、交易业务。落实与完善促进服务贸易的税收政策,在符合税制改革和国际惯例,以及不导致利润转移和税基侵蚀的前提下,基于真实贸易和服务背景,结合服务贸易创新发展试点工作,研究探索服务贸易创新发展试点扩围的税收政策安排,落实境外所得税收抵免政策。

3. 福建自由贸易试验区的税收制度安排

(1) 自由贸易试验区建设前的税收制度。

2014年3月25日,财政部、国家税务总局发布了《关于广东横琴新区福建平潭综合实验区深圳前海深港现代服务业合作区企业所得税优惠政策及优惠目录的通知》(财税〔2014〕26号)规定:自2014年1月1日起至2020年12月31日在广东珠海横琴新区、深圳前海深港现代服务业合作区以及福建平潭综合试验区设立的鼓励类产业,其企业所得税减按15%税率征收。

(2) 自由贸易试验区建设后的税收制度。

2015年4月8日,国务院发布了《关于印发中国(福建)自由贸易试验区总体方案的通知》提出,自由贸易试验区抓紧落实好现有相关税收政策,充分发挥现有政策的支持促进作用。中国(上海)自由贸易试验区已经试点的税收政策原则上可在自由贸易试验区进行试点,其中促进贸易的选择性征收关税、其他相关进出口税收等政策在自由贸易试验区内的海关特殊监管区域进行试点。自由贸易试验区内的海关特殊监管区域实施范围和税收政策适用范围维持不变。平潭综合实验区税收优惠政策不适用于自由贸易试验区内其他区域。此外,在符合税制改革方向和国际惯例,以及不导致利润转移和税基侵蚀前提下,积极研究完善适应境外股权投资和离岸业务发展的税收政策。

2015年4月8日,国务院颁发了《中国(福建)自由贸易试验区平潭片区实施方案》(国发[2015]20号),明确了该自由贸易试验区可以开展工程设备及船舶等保税融资租赁业务,主要是针对平潭综合试验区内开展船舶、工程设备等大型设备保税融资租赁业务的企业从试行承租企业分期收取的租金按照海关审查的每期租金分期征收增值税及关税。

2015年4月20日,为推进和服务福建省自由贸易试验区建设,营造良好税收发展环境,积极创新体制机制,扩大开放,在简政放权的同时转变管理理念,转换管理方式,加强事中事后监管,做到管放结合,放而不乱,管而有度。福建省地方税务局印发中国(福建)自由贸易试验区税收事项事中事后监管措施的意见(闽地税[2015]14号),内容如下:

①加强纳税信用评价管理。贯彻落实对不同纳税信用等级的纳税人实行不同管理和服务的原则,探索实施差别化管理和服务措施,并加强动态管理。开发"纳税信用评价系统",通过"信用福建"平台主动推送纳税信用信息,同时广泛采集相关部门产生的纳税人外部参考信息,建立纳税信用评价与其他部门信用评价的联动机制,提升纳税信用评价的客观性、公正性和科学性。根据自由贸易试验区企业纳税信用管理情况和企业诚信水平,制定并定期公告税收管理"白名单"。在全社会范围,推动将纳税信用融入社会信用体系,引导政府机关和金融机构等部门

在办理纳税人资格准入、评先评优、贷款融资等事项时,将纳税信用等级作为重要参考因素。

②跟进完善放权事项后续监管。

第一,针对商事登记制度改革后对税务登记管理的影响,依托信息化手段,通过对登记信息完整率、差错率等绩效指标的实时监控,以及对漏征漏管等户籍管理风险的控管,提升登记信息的真实有效性。

第二,完善纳税人申报信息与发票开具信息的比对机制,实现纳税申报与领用发票开具挂钩,逐步开展纳税申报金额与开票金额的实时比对,增强对各类发票使用违法行为的应对能力。

第三,进一步扩大网络发票使用范围,充分利用纳税人上传的网络发票开票信息,合理设置风险监控指标,通过开票数据与税收数据的分析比对,加强事中事后监控管理。及时推送发现的风险点,查补应缴未缴税款,并适当调整纳税人申领发票的版别和数量。

第四,加强对取消进户执法项目的后续监管,在减少进户执法的同时,应结合具体工作实际,对取消进户执法相关项目进行研究分析,分类制定后续税收管理办法。通过案头审核、信息比对等手段,有针对性地实施税收风险监控分析,强化税收风险管理。

③深化税收风险防控管理。

第一,先行推进以税收风险管理为核心的征管改革,适应简政放权后的税收管理与服务新形势,探索完善税收风险防控运行机制,进一步明确各级各部门的风险管理职责,梳理完善风险管理导向下的税收征管流程。

第二,针对自由贸易试验区企业类型和行业特点,探索建立自由贸易试验区税收风险管理特征库、纳税人库,搭建重点行业模型，逐步建立覆盖税收征管全流程、各环节、各税种、各行业的税收风险监控指标体系。

第三，实施递进推送办法，按照税收风险高中低排序。对低风险事项，采取纳税辅导、风险提示等方式督促其修正申报；对中、高风险事项，进行纳税评估反避税调查和日常检查；对涉嫌逃税、骗税、抗税的高风险事项，推送稽查部门查处。

④探索风险管理导向下的税务稽查新模式。以风险管理为导向，以风险分析为基础和指向，对认定存在高涉税风险的事项进行详细查证，而对于认定为低风险的事项通过简化程序进行核实，从而提高稽查资源的使用效益。完善征管查互动机制、稽查办案机制和分级分类稽查管理模式，突出重点，推进稽查工作提速增效。持续改进稽查执法方式，全面贯彻柔性执法理念，优化税收法治环境。

⑤强化信息共享比对分析和配合部门协调监管。按照《福建省税收保障办法》和自由贸易试验区信息共享管理相关办法的要求，依托"自由贸易试验区监管信息共享平台"，加强部门间涉税信息的交换和共享。充分利用对第三方信息的比对、分析，堵塞管理漏洞，提高监管效率。积极参与市场主体信用公示、不动产登记、公共资源交易等平台建设，推动部门间信息交换。切实树立信用监管和社会化监管理念，注重运用信息公示、信息共享和信用约束等监管机制和手段，促进纳税人自律，推动部门共管、社会共治。

2015年4月9日，为推进中国（福建）自由贸易试验区通关便利化，福州海关以2015年第1号发布《福建自由贸易试验区福州片区和平潭综合实验区试点集中汇总征税作业模式的公告》。公告特别强调汇总征税是海关征缴进出口税收的一种新作业模式，经评估符合条件的进出口企业，海关可以对其一段时期内多次进出口产生的税款集中进行汇总计征。

4. 浙江自由贸易试验区的税收制度安排

落实现有相关税收政策，充分发挥现有政策的支持促进作用。中国（上海）自由贸易试验区、中国（广东）自由贸易试验区、中国（天津）自由贸易试验区和中国（福建）自由贸易试验区已经试点的税收政策原则上可在自由贸易试验区进行试点，其中促进贸易的选择性征收关税、其他相关进出口税收等政策在自由贸易试验区内的海关特殊监管区域进行试点。自由贸易试验区内的海关特殊监管区域范围和税收政策适用范围维持不变。此外，在符合税制改革方向和国际惯例，以及不导致利润转移和税基侵蚀的前提下，积极研究完善境外所得税收抵免的税收政策。

中国（浙江）自由贸易试验区建设实施方案，关于税收政策内容的基本条款内容如下：

（1）以保税燃料油供应服务为突破口，建设国际海事服务基地。制定国际航行船舶保税油管理规范。制定出台《中国（浙江）自由贸易试验区国际航行船舶保税油管理暂行办法》《中国（浙江）自由贸易试验区国际航行船舶保税油供应业务操作规范》等文件和标准，确保国际航行船舶保税油经营管理规范有序。集聚保税燃料油供应链相关企业。

完善保税燃料油供应支持政策，鼓励自由贸易试验区石化企业生产保税燃料油，对落户自由贸易试验区的保税燃料油供应企业给予政策激励。加快推进保税燃料油供应配套服务产业链的培育。加快引入保税燃料油第三方公证机构。

完善保税燃料油供应配套设施建设。加快推进保税燃料油供应码头、储罐、供油锚地等配套设施建设。优化海上供油锚地区域布局，推进海上保税燃料油供应仓库、海上加油计量技术平台建设，在外锚地进行保税燃料油加注的国际航行船舶免交船舶吨税。支持在码头、船厂开展保税燃料油加注业务。积极研究外锚地新型供油方式，加强外锚地海域气象监测和预报。

优化保税燃料油供应通关监管流程。在符合监管条件前提下，允许注册在自由贸易试验区的企业开展不同税号下保税油品混兑调和业务。全面扩大保税燃料油跨关区直供业务范围。将保税燃料油供应业务纳入国际贸易"单一窗口"申报平台，简化加油船舶进出自由贸易试验区通关手续，开通挂港加油船舶通航、通关特殊通道，全面提升通关效率。

大力发展国际航行船舶修造业务。做大做强舟山港综合保税区船配交易市场，开展绿色船舶、海洋工程类船舶、江海联运船舶等高技术含量船舶的修造业务。

扩大航运服务业对外开放。在自由贸易试验区实行以"浙江舟山"为船籍港的国际航行船舶登记制度和以"中国宁波舟山港"为船籍港的"方便旗"船舶回国登记制度，优化国际航行船舶营运许可、检验业务流程，落实中资"方便旗"船舶税收优惠政策。争取在自由贸易试验区设立进境免税店。

（2）提高油品资源配置能力，建设国际油品交易中心。建设东北亚保税燃料油交易中心。在依法设立的大宗商品交易场开展保税燃料油现货交易，支持自由贸易试验区发展保税燃料油交割、仓储、保税等业务。做大做强保税燃料油现货交易，努力打造集价格发布、信息咨询、金融配套等功能于一体的保税燃料油交易市场。

（3）拓展新型贸易投资方式。大力发展跨境电子商务。充分利用自由贸易试验区政策优势，不断完善跨境电子商务海关监管、检验检疫、退税、物流等支撑系统，推进跨境电子商务配套平台建设。

(4) 创新通关监管服务模式。加快建设国际贸易"单一窗口"。启动特色业务建设,逐步建立涵盖商务、海关、检验检疫、边防、海事、外汇、税务、港务等管理部门的浙江版国际贸易"单一窗口"。加快电子口岸平台建设,推进便利化通关模式与"单一窗口"的有效融合,促进实现贸易许可、资质登记、出口退税申报等平台功能。推进海关监管制度创新。对注册在自由贸易试验区海关特殊监管区的融资租赁企业进出口飞机、船舶和海洋工程结构物等大型设备涉及跨关区的,在确保有效监管和执行现行相关税收政策的前提下,按物流实际需要实行海关异地委托监管。在严格执行货物进出口税收政策的前提下,允许在自由贸易试验区海关特殊监管区域设立保税展示交易平台。在执行现行税收政策的前提下,提升超大超限货物的通关、运输、口岸服务等综合能力。

(5) 探索研究符合大宗商品贸易自由化的税收政策。优化税收服务政策。积极推动中国(上海)自由贸易试验区、中国(广东)自由贸易试验区、中国(天津)自由贸易试验区和中国(福建)自由贸易试验区有关税收政策在我省自由贸易试验区复制推广。在符合税制改革方向和国际惯例,以及不导致利润转移和税基侵蚀的前提下,积极研究完善境外所得税收抵免的税收政策。加快研究制定有利于推动油品全产业链发展的税收创新举措。

2017年8月17日浙江省国家税务局、浙江省地方税务局发布《关于创新税收服务支持中国(浙江)自由贸易试验区发展的若干意见》(浙国税发〔2017〕96号),推动中国(浙江)自由贸易试验区的发展更进一步、更快一步,把自由贸易试验区打造成为"六个浙江"建设的示范区和排头兵,支持自由贸易试验区发展提出15条创新税收服务措施:联合服务"一站办"、信息共享"一次报"、银税互动助融资、网上办税不出户、出口退税无纸化、缴税方式多元化、电子发票增便利、诚信办税简流程、先享优惠后管理、"省内通办"全覆盖、实名办税免认证、预约办税少等候、点单辅导互动学、"离岛"办税不用跑、税企合作防风险。

此外，值得一提的是，浙江还专门成立了财税专题工作组，由省国税局、省地税局、省财政厅牵头进行研究，课题主要有：将出口退税申报功能纳入"单一窗口"建设项目、争取在自由贸易试验区设立入境免税店、加快研究制定有利于推动油品全产业链发展的税收创新举措、积极研究完善境外所得税收抵免的政策、研究制定自由贸易试验区创新税收服务具体措施等。

5. 其他自由贸易试验区的税收政策

河南、辽宁、湖北、重庆、四川、陕西在自由贸易试验区实施方案中关于税收政策的表述几乎一致：落实现有相关税收政策，充分发挥现有政策的支持促进作用。中国（上海）自由贸易试验区、中国（广东）自由贸易试验区、中国（天津）自由贸易试验区和中国（福建）自由贸易试验区已经试点的税收政策原则上可在自由贸易试验区进行试点，其中促进贸易的选择性征收关税、其他相关进出口税收等政策在自由贸易试验区内的海关特殊监管区域进行试点。自由贸易试验区内的海关特殊监管区域范围和税收政策适用范围维持不变。此外，在符合税制改革方向和国际惯例，以及不导致利润转移和税基侵蚀的前提下，积极研究完善境外所得税收抵免的税收政策。这里，四川的一个做法值得提倡，即颁布了《服务中国（四川）自由贸易试验区成都片区税收优惠政策指引（试行版）》，使税收优惠政策措施更具操作性。

## 第二节 中国自由贸易试验区税收制度成效

### 一、自由贸易试验区税收政策的成效

#### （一）有利于公平竞争和规范经营

自由贸易试验区并未出台企业按照15%的税率缴纳所得税的政策，这与自由贸易试验区的定位相关。自由贸易试验区主要是制度创新，要形成"可复制、可推广"的制度体系，而不是形成税收洼地效应。因此，自由贸易试验区的税制改革遵循税制公平、统一、规范的原则，打破了"内外不一"的所得税优惠格局，使自由贸易试验区的政府和企业将更多的精力用于制度的创新和生产经营上，政府规范执法管理，企业之间公平竞争。

#### （二）有利于促进投资的增长

我国自由贸易试验区主要推出"非货币性资产投资政策"以吸引外来资本。资金是具有时间价值的，该政策的实施可以让企业能在一定期限内均摊税负，享受递延纳税的待遇，减轻企业的资金占用压力，相当于获得政府的一笔无息贷款。因此，该政策对民营企业和高新技术企业的诱惑力更大，其有效实施必将吸引内外资企业入驻自由贸易试验区。

#### （三）有利于吸引高端人才

针对高端人才引进，我国自由贸易试验区的税收政策是"股权激励政策"。此项政策的前身是财税〔2013〕15号，对试点地区内企业以股权形式给予企业高端人才和紧缺人才的奖励，可分期缴纳个人所得税，最长不得超过5年。上海等自由贸易试验区实施高端、紧缺人才股权激励个人所得税分期纳税政策，

主要目的在于让企业将优秀的人才留住,这是自由贸易试验区吸引创业者的重大措施。

### (四)有利于贸易的增长

《中国(上海)自由贸易试验区总体方案》中"将试验区内注册的融资租赁企业或金融租赁公司在试验区内设立的项目子公司纳入融资租赁出口退税试点范围"等规定,对于鼓励上海金融租赁企业抢占国内市场、开拓国际市场具有十分重要意义。其实,最先试行类似政策的是天津,2010年4月6日,财政部、海关总署、国税总局联合下发通知,对融资租赁企业经营的所有权转移给境外企业的融资租赁船舶出口,在天津市实行出口退税试点。该项政策在天津试行以来,极大地促进了当地融资租赁业的发展。而"对试验区内注册的国内租赁公司或租赁公司设立的项目子公司,经国家有关部门批准从境外购买空载重量在25吨以上并租赁给国内航空公司使用的飞机,享受相关进口环节增值税优惠政策"将对进一步优化航空租赁行业税负,起到降低交易成本的积极作用,从而促进国际贸易的增长。

### (五)政策与定位紧密联系有效带动经济发展

例如,广东自由贸易试验区的建设要服务于粤港澳深度合作示范区的建设,因此有许多独特的税收优惠政策。天津自由贸易试验区的建设要服务于"一带一路"倡议、面向东北亚经济一体化以及带动京津冀地区协同发展。因此,在税制设计上,会通过合理的税收政策促进高端制造业、现代物流业更好更快发展,挖掘这些产业的发展潜力和市场空间,对于培育天津重要产业和经济增长点具有重要的导向作用。制定更加简化的自由贸易试验区税收管理制度,对于促进港口贸易便利化具有重要作用,可以使得天津在东北亚经济圈中对外贸易地位进一步提升。福建自由贸易试验区的建设要尝试建成深化两岸经济合作的示范区,浙江自由贸易试验区围绕着油品全产业链投资便利化定位,探索大宗商品贸易自由化,致力于提升大宗商品全球配置能力,也都制定了一系列的税收优惠政策和保税退税措施。

**(六) 有利于打造高效营商环境**

税收优惠措施不是自由贸易试验区的真实旨意,制度的创新才是自由贸易试验区建设的主要目标,这些制度主要是指管理制度的创新。对于企业来说,在统一税制环境下,良好的税收环境就显得十分重要。因此,自由贸易试验区更加依靠法制化的管理,而非行政化管理,更加注重建立电子税务信息共享系统,创造更为简洁高效和规范的税制环境,这对于纳税人而言,必将带来纳税遵从成本的降低,纳税意识增强,良好的营商环境形成。

**二、自由贸易试验区税制促进经济发展的案例**

### 上海自由贸易试验区的成效

上海自由贸易试验区累计新注册企业4.9万家,月均注册企业数量是挂牌前的5倍,新注册企业活跃度超过80%。其中,内资企业近4万家,外资企业8700多家,占比从挂牌初期的5%上升到目前的近20%,超过99%的新设外资企业通过备案方式设立。目前累计开设自由贸易账户4.9万个,业务涉及130多个国家和地区、2.7万家境内外企业。实到外资167亿美元,相当于挂牌前20多年总和的2倍。

2017年上半年,自由贸易试验区进出口值显著增长,实现进出口6427亿元,同比增长17.9%,占上海市同期外贸总值的41.4%。其中进口4460.2亿元,同比增长22.6%,占上海市的48.1%,出口1966.8亿元,同比增长8.5%,占上海市的31.4%。区内跨境人民币结算总额为6735.8亿元,占到全市的59.87%,进一步推进了人民币国际化。自政策发布以来,累计有 668 家企业发生跨境人民币资金池业务，资金池收支总额 8497.7 亿元，有效节约了企业跨境交易成本。

上海自由贸易试验区建设带动浦东新区经济持续稳定快速发展。新区的地区生产总值增幅连续保持在 8% 以上。实到外资年均增长率达 37%。跨国公司地区总部累计 274 家，经认定的外资研发中心 221 家。服务"一带一路"建设成果丰富，与沿线国家之间的走出去和引进来项目累计 3000 多个，进出口贸易额增长保持在 22% 以上水平，占比新区进出口总额的 1/5。①

**保税区国税局五项改革持续提升服务档次**

辽宁自由贸易试验区大连片区正式挂牌后，随着松下汽车动力电池、远东工业园二期等大项目的入驻，大连保税区展现出特有的"自贸速度"。截至目前，全区注册企业数成功破万，达到 10171 家。一季度区域内 157 家限上贸易企业完成销售额 111.5 亿元，同比增长 13.4%；94 家规上工业企业完成出口交货值 20.11 亿元，同比增长 6%。在此基础上，保税区国税局继续做好放管服改革，逐步实现了纳税服务五项现代化。

办税业务自助化。该局设立的 24 小时自助办税服务区，能够自助办理发票领用、认证、报税、代开等多项高频业务，全天候适应纳税人的办税需求，持续优化纳税人的办税体验，形成了网上办税为主，自助办税为辅、人工办税兜底的"三位一体"纳税服务"一条龙"。

培训辅导点单化。保税区国地税联合建立纳税人学堂，最大限度实现宣传培训资源整合。该局与 12366 咨询热线、市注册税务师学会共同建立国税 12366 咨询保税区群，群成员已接近 500 人。同时建立市国税局映客直播保税区站，纳税人可借助纳税人

---

① 中国（上海）自由贸易试验区网站.

学堂与映客直播平台，自主选择课程或者观看、回看培训课件。

税款缴纳多元化。已实现 POS 机划卡缴税、财税库银横向联网缴税、互联网缴税、第三方代扣代缴等缴税方式，并且将移动端与税款缴纳相结合，完成了移动支付缴税服务技术改造，使纳税人缴税实现了从"柜上"到"网上"和"掌上"的转变。

出口退税无纸化。对大连片区内全部 C 级以上纳税人已实现无纸化退税，无纸化认定率达 91%，纳税人申请办理出口退税业务时，只需提供通过税控数字证书签名后的电子数据，大大降低了办税成本。

税银征信互动化。与银监会建立联席会议制度，签订三方合作协议，联合 16 家商业银行签订了税银合作协议，为 A 级诚信企业提供融资便利，有效解决企业融资难题。

保税区国税局将持续落实国地税办税一窗化、实现个体管理一局化、升级业务预约自主化、推进预先约定明确化、完善风险提示国别化。同时，发挥区域优势，持续深化国地税合作，深入落实自主提出的 A 级服务普及化、权益救济社会化、税收服务共治化等 3 项税收创新服务举措，进一步助力自由贸易试验区建设，优化营商环境。①

## 第三节　中国自由贸易试验区税收制度问题

### 一、税收政策创新不足

按照国际经验，自由贸易试验区的税收优惠政策应该比保税

---

① 中国（辽宁）自由贸易试验区网站.

区或原有政策更加优惠。但是，目前自由贸易试验区内的税收政策仍然很大一部分是沿用保税区旧有政策，如货物可以在保税区与境外之间自由出入的免税政策；国内货物入区视同出口的出口退税政策；来料加工复出口的保税加工政策以及注册在洋山保税港区内的试点纳税人对内提供的相关服务的增值税即征即退政策等，都是保税区保留的税收政策。分期缴纳所得税政策是参考中关村实行的个人收入激励的制度。广东大多数的自由贸易试验区之前就享受很多优惠政策，例如2008年10月国务院批准设立深圳前海湾保税港区时，就已经规定"境内货物入区退税，区内货物流转免税，区内生产企业耗用水电气退税"等，但是前海成为自由贸易试验区后，在税收优惠政策上并没有过多的突破。

## 二、未形成完整税收政策体系

首先，尚未形成较为完整的税收优惠支持体系。一些自由贸易试验区的税收政策和管理都还不能很好与自由贸易试验区的目标定位挂钩，没能形成合力，支持自由贸易试验区经济的发展。

其次，支持金融创新的税收政策有待完善。金融业是现代服务业的重要组成部分，自由贸易试验区一个很重要的发展目标就是探索建立现代金融服务创新区。在很多国家，税收优惠政策都会支持发展全球离岸业务，促进金融创新。然而，在我国还停留在研究状态。每一个自由贸易试验区的总体方案都提到：在符合税制改革方向和国际惯例，以及不导致利润转移和税基侵蚀的前提下，积极研究完善适应境外股权投资和离岸业务发展的税收政策。但我国内地关于这样的税收政策尚处于研究阶段，如何借鉴新加坡、中国香港或日本等国家和地区离岸税收管理的实践，探索出境外股权投资和离岸税源管理的新思路、新方法和新模式，将是我国自由贸易试验区（港）税制体系构建的重要内容。

最后，现行自由贸易试验区税收政策和管理偏重与对来源于境内所得的管理，较少关注来源于境外所得的管理，随着自由贸易试验区的发展，将来还要探索建设自由贸易港，不能仅加强对境内所得的管理，更应注重来源于境外的所得的管理。

### 三、税收政策优惠力度不够

我国现行自由贸易试验区的税收优惠政策的力度仍然不够，这主要体现在如下几个方面：

第一，税率设置偏高。上海自由贸易试验区没有按照此前论证的减按15%的税率征收企业所得税，企业所得税税率仍是25%，外国企业的境内所得仍然要缴纳10%的预提所得税，而《中国（广东、天津、福建）自由贸易试验区总体方案》中规定，对深圳前海深港现代服务业合作区、珠海横琴新区、平潭综合实验区15%的税收优惠政策进行试点，其他区域并不能享受此项优惠政策。

第二，优惠方式单一。我国自由贸易试验区当前的税收优惠以关税减免、出口退税为主，所得税免税缓税为辅，而且15%企业所得税优惠税率的实施，只是针对部分地区的部分企业。在促进境外股权投资方面是递延分期纳税，原理上可以帮助企业缓解资金上的困难，对政府的税收收入也具有调节作用，但实际上优势并不明显。因为，不同性质的企业所需要的激励政策不同，不同地区的企业所需要的激励政策也有所差别；对于激励个人所得税分期纳税的政策而言，适用对象是企业重要的技术人员和企业经营管理人员，对于其他相关人员而言，激励作用发挥不够。

第三，免税的效果并不明显。首先，在自由贸易试验区的免税中并没有对所得税进行减免，而所得税的减免恰恰是促进企业收回成本、缩短年限、增加利润、降低风险的最好优惠方式。其次,自由贸易试验区免税政策中主要针对货物免税,例如,"对试验区内生产企业和生产性服务业企业进口所需的机器、设备等货物予以免税,但生活性服务业等企业进口的货物以及法律、行政法规和相关规定明确不予免税的货物除外"。这一政策除了对试验区内生产企业和生产性服务企业进口所需的机器、设备等货物予以免税外,其他的免税并无涉及,对于那些资本构成高的高新技术企业缺乏鼓励力度,不利于鼓励企业进行研发和技术创新。

第四,我国自由贸易试验区内的税收优惠"同质化"较强,识别度不高,间接税收优惠欠缺,难以对国家重点支持的产业进行良性引导。

### 四、税收征管体系有待完善

自由贸易试验区在税收监管模式上进行了一些改革,但现行税收征管制度信息化管理水平不足,各个片区各自为政,信息不能共享,仍然处于纳税成本高,收益低的环境。想要向国际上自由贸易试验区(港)的税收征管效率看齐,应该完善税收征管体系。

### 五、税收法定性不够强

我国自由贸易试验区现行税收优惠政策大多是由国务院及财政部、海关总署或国家税务总局制定的暂行条例或草案规定,或是由地方政府、各保税区管理部门制定的区域性政策,立法层次偏低,法定性不足,透明度不高,不具备相应的等级效力和稳定性,容易与国家基本税收法律发生抵触。而且,自由贸易试验区的税收优惠多数体现为促进贸易、促进投资、促进人才引进,这种税收政策的"非法定",也易造成各地以各种名目争取税收优惠政策，形成区域之间的恶性税收竞争，这显然也与自由贸易试验区的定位相背离，不利于公平合法竞争市场环境的形成。因此，自由贸易试验区建设中对税收优惠措施的制定应更加严谨系统。

# 国际自由贸易区（港）税收制度的比较与借鉴[①]

随着经济全球化的深入发展，世界各国的经济联系日益紧密，发展中国家实力不断增强，兴办自由贸易区（港）的热潮开始从欧洲、美洲席卷全世界，自由贸易区（港）数量越来越多。目前较为成熟的自由贸易区（港）代表主要有：德国汉堡自由港、不来梅；荷兰鹿特丹、史基诺；爱尔兰香农；丹麦哥本哈根；美国纽约；中国香港；新加坡；韩国釜山；俄罗斯远东自由港（含符拉迪沃斯托克自由港、瓦尼诺自由港、彼得罗巴普洛夫斯克自由港和佩韦克自由港等）；阿联酋迪拜等。这些自由贸易区（港）的发展离不开制

---

① "自由贸易试验区"是我国的正式表述，国际上对此是 FTZ 的概念，国内对此翻译不一，本书统一按照中华人民共和国商务部官网"走出去"公共服务平台上国别（地区）指南中的统一表述。例如，美国表述为"对外自由贸易区"，新加坡和韩国等都表述为"自由贸易区"等。

度的创新,当然,税收制度的精心安排和税收的规范管理给予了有力的支持。

## 第一节　中国香港的经济发展和税收制度

### 一、经济发展状况

中国香港早在1840年鸦片战争后就开始推进自由贸易区建设,历史非常悠久。1841年6月7日,英国侵略军上校义律就单方面地宣布中国香港为"自由港"。英国对中国香港自由港建设的尝试与经济自由主义当时在英国本土的兴盛密切相关。中国香港是在帝国主义强权压迫之下开放的自由贸易港,但由此也把它打造成了世界最重要的转口贸易港。第二次世界大战后,中国香港还非常贫穷,人均收入仅为英国的1/4左右。到1997年香港回归时,其人均收入已经同英国基本持平。香港地区作为一颗璀璨的东方明珠,连续23年被美国传统基金会评为全球最自由经济体,这主要得益于其优越的商业环境。

### 二、制度安排与创新

#### (一)行业准入

中国香港全域实行自由贸易,高度自由化。在行业准入方面高度放开,理论上没有行业完全禁止私人或外国投资者参与,而且持股比例不限,港内或港外的投资者都可以实现100%的控股。但是,在众多允许经营的行业中,赌博业是受特区政府管制最严格的行业。在香港可进行的经营性赌博活动包括由赛马会(非营利性机构)主办的赛马、六合彩和足球彩票,以及香港特区政府影视及娱乐事务管理处批准的其他博彩活动。此外，其他所有经营性质的博彩活动都是违法行为。电讯、广播等少数行业实施有条件准入，除了正常的商业登记外，都要向有关特区政府部门另外申请相关行业的牌照。

（二）企业注册

企业注册效率高。在中国香港，企业注册与登记手续简单快捷。企业注册通过网上注册中心先查核公司名称是否可用，然后以电子方式提交相关文件及所需费用，经核准后，于1个小时内发放《公司注册证》及《商业登记》。如果以纸质方式提交申请，发出有关证书需4个工作日。

企业注册条件宽松。香港对公司注册资本的金额没有任何限制，缴费少，并且不用验资，到位资金不限。

无歧视的居民待遇。香港投资制度较为开放，对外来及本地投资者一视同仁，没有任何歧视措施。对其经营活动，特区政府既不干预，但也无任何补贴政策，只要在中国香港法律法规允许范围之内，可从事任何行业。

（三）监管环境

（1）报关便利。中国香港进出口报关手续十分简便。除豁免报关的商品外，承运人只需于货物进出口后14日内向海关详细呈报商品的所有付运资料和进/出口报关单。在香港，有些商品直接豁免通关：例如转运货物、过境货物、船舶补给品（包括燃料舱燃料）、飞机补给品（包括飞行燃料）、除汽车外的私人行李、价值4000美元以下的任何邮包等。

（2）通关便利。中国香港采取完善的措施，保证通关的便利和快捷，主要有海易通计划和香港认可经济营运商计划。海易通计划能够简化现时的海关清关程序，目标是提供电子途径，以便提交副提单数据，使海关容易取得有关数据，以便进行风险评估，从而提高货物拣选的效率。海易通计划为货运代理和物流公司提供了方便及便利，优化了他们与海关往来的运作效率；降低了信息录入和核对的人工成本，简化了通关流程，提高了海关工作的效率。香港认可经济营运商计划在 2010 年开始试验运作并且取得成功，该计划以自愿和信任管理为基础，本地公司如已符合既定的安全标准，不论规模，均可成为认可经济营运商，并享有相关便利通关安排。所有涉及国际供应链的相关各方，如制造商、进口商、出口商、货运代理商、货仓营运商、承运商等，均可参加这个伙伴计划。

（3）配额环节设限较少。中国香港配额和贸易管制很少，仅从食品安全需要，对活鸡进口实行总量控制；若干耗蚀臭氧层物质须受配额及发牌管制；贯彻执行全面及严格的战略物资进出口管制，战略物品包括均需物资、部分电子、电讯、导航设备等；对烟草、酒类、甲醇酒精、汽车用汽油和柴油等极少数商品实行进出口证管理。

**（四）金融市场**

金融企业开办和经营自由，本地银行和外资银行享受完全平等的待遇。1984 年撤销黄金出入口禁令后，黄金在中国香港可以完全自由进出和买卖，使其迅速发展成为世界重要的黄金市场。中国香港执行自由外汇制度，外汇管制一直较为宽松，外汇市场完全开放自由，港元和外币在当地可以自由兑换，国际贸易结算自由，可使用任何货币进行贸易结算。资本市场完全开放，中国香港凭借发达的金融系统和国际金融中心的优势，可以为企业提供各类融资渠道，具有很高的融资自由度；金融机构对借贷没有额度限制，针对长期合作设有专门的中小企业业务部，在融资方面为客户提供全面特色的服务。

### （五）人员流动

中国香港作为自由港，人口流动和劳动力流动具有较高自由性和国际性。一是出入境十分自由。香港采取较为宽松自由的人员出入境政策，外地人到港投资办企业、探亲或旅游，手续都很简单。中国香港入境事务处对到港从事商务活动的访客、旅游的游客和相关居民提供方便的出入境措施和签证政策，有许多国家的公民还可以免签证在香港短期停留；香港人进出也十分自由便利。二是吸引人才措施得当。香港采取较为完善且力度较大的人才引进政策，吸引了众多优质的来自全球各行各业的优秀人才。此外，香港的劳动力谋职自由，在行业、企业、单位之间的流动自由，私营部门劳动力资源配置受市场供求的影响，具有较高的流动性。

### （六）法律制度

香港的自由港政策建立在高度成熟的市场法制基础之上。香港特区法律制度健全，具有公平、公开、公正的经营环境。香港的特区条例和附属立法有 1000 多件，而经济法规约占总数的 45%。严密的法规和条例，使得在香港从事任何经济活动都可以找到法律依据，并受到法律的监督。

## 三、税收制度安排

自 20 世纪 60 年代以来，中国香港依靠其得天独厚的地理位置和简化的税制迅速成为国际航运中心和贸易自由港。中国香港税负水平低，是吸引世界著名跨国公司聚集的重要因素之一。香港地区的税制主要表现为：

首先，实行典型的零关税政策。一般的进出口货物均无须缴付任何关税，除了酒类、烟草、碳氢油类及甲醇等四种商品之外。

其次，香港特区实行简单税制模式，税种较少，不设增值税、销售税、股息及利息预扣税、遗产税等。

再次，香港特区主要征收3种直接税：利得税、薪俸税和物业税。利得税的税率低，分别为16.5%（适用于有限公司）和15%（适用于非有限公司），这与世界上大多数国家和地区的税率相比都是相当低的。企业实行税收地域管辖权，纳税人在海外获得营业利润不交税，而外资企业在香港汇出利润也不需要缴纳资本利得税。香港的薪俸税也就是个人所得税，实行累进税率由2%到17%不等，每名纳税人需要缴纳的税款不会高于其总收入的15%。此外，内地居民在任何评税年度留港不超过183天，可豁免缴纳薪俸税。物业税率统一为可收租金（除差饷外）减去维修及保养免税额20%后的15%。公司为租金收入缴付所得税后，无须缴纳物业税。

最后，在税务管理上力求规范和透明。中国香港还针对当前的国际经济环境进行税改，以增加税制的吸引力，从而保持经济发展的稳定态势。2016年，香港特区立法会通过了《2016年税务（修订）（第2号）条例》，内容是：（1）减免利得税，对设立在香港合资格的财资中心提供8.25%的优惠税率；（2）完善在港企业的集团内部融资的利息扣除规则，并对于经营此业务的利息收入及利润视为在香港的应税收入；（3）厘清财务机构为遵守巴塞尔协议三的资本充足要求而发行的监管资本证券的利得税及印花税税务处理，将监管资本债券视为债务证券而非股权证券。第2号条例利得税的减免可吸引更多的跨国公司将财资中心设立在香港，从而带动香港的金融业和相关服务的发展；而集团内部融资利息扣除规则的应用以及监管资本证券的税务处理，是对税基侵蚀与利润转移（BEPS）行动计划的有效落实，意在有效应对在港跨国公司通过集团内部融资利息进行利润转移的问题。此外，香港特区立法会2016年还通过了《2016年税务（修订）（第3号）条例》，规范了信息交换标准，并对金融信息的交换做出承诺，旨在提高全球税收透明度，打击海外账户避税行为。

## 第二节　新加坡自由贸易区的经济发展与税收制度

### 一、经济发展状况

1819年，英国人莱弗士在新加坡登陆，把新加坡开辟为一个完全自由港。新加坡是全球著名的国际贸易中心和国际航运中心，转口贸易额在总出口贸易额中的比重一直保持在40%以上，是继纽约、伦敦、中国香港之后的全球第四大金融中心城市。2016年，新加坡人均国内生产总值近5.3万美元，成为全球经济最具活力的新兴经济体之一。新加坡于1965年独立，经济发展取得今天的辉煌成就，一方面得益于优越的地理位置和得天独厚的自然条件，另一方面与新加坡政府以自由经济主义理论为指导，实行贸易自由、投资自由、金融自由、通航自由为特征的自由经济政策密不可分。新加坡于1969年在裕廊码头内建立了第一个自由贸易区。到目前为止，新加坡共设有9个自由贸易区，包括丹戎巴葛码头和吉宝码头、三巴旺货运码头、Brani码头、吉宝物流园、吉宝物流园链接桥、巴西班让码头、裕廊港、樟宜机场货运大楼、新加坡机场物流园。

## 二、制度安排和创新

### (一) 行业准入

新加坡在行业准入方面是高度开放。外资准入非常宽松,除国防相关行业和个别特殊行业外,新加坡对外资进入没有行业限制,商业、外贸、租赁、营销、电信等市场完全开放,但外资进入金融、保险、证券等特殊领域需向主管部门备案。新加坡禁止新增外资银行进入本地零售业务市场,限制外资银行对本地银行持股比例,外资在新闻业、广播业的出资比例分别不得超过30%和49%。

新加坡对外资无股权比例限制。新加坡对企业经营范围划分为服务类、商贸类、科技类、食品类和贸易类等类别,但不管公司名称如何,只要在合法的前提下,公司可自由经营任何业务,并可以根据自身状况和市场行情自行变更经营范围,无须审批。

### (二) 企业注册

企业注册简便。在新加坡注册公司操作简单,费用低廉。无论任何国籍,只要年满18周岁并提供新加坡注册地址,委任一名新加坡董事、一名当地秘书和4项文件(公司名称、公司章程与细则、身份证明、公司注册地址及办公时间报告表),即可在3个工作日内完成公司注册登记。如果注册的是代表处或办事处,只需从新加坡国际企业发展局网站下载注册表格进行网上注册即可。便利的注册登记程序吸引了大量的跨国公司入驻。

注册门槛低。对注册资本的要求宽松,在新加坡设立公司最低注册资本为10万新元,实行认缴制,股东可随时决定提供注册资本和缴足资本,且只需在新加坡商业注册局填写表格和缴纳费用即可。

### （三）监管环境

**报关便利。**按照规定，除了那些必须得到有关部门批准方可进出口的货物，如药品、化妆品和危险物品等之外，其他进出口货物所有人或其代理人只需填写和交验有关单证即可报关。

**通关效率高。**新加坡拥有全球最高效的海关系统贸易网络，与进出口（包括转口）贸易有关的申请、申报、审核、许可、管制等全部手续均通过该系统进行，进出口商通过电脑终端10秒钟即可完成全部申报手续，10分钟即可获得审批结果。新加坡实现了海关监管信息化，其"单一窗口"运行较好，通过网络将海关、检验检疫、税务、军控、安全、经济发展局、企业发展局、农粮局等相关政府部门，与进口、出口（包括转口）贸易有关的申请、申报、审核、许可、管制等全部监管流程均通过该系统进行。并且与第三国家之间实现了单一窗口的互联互通，商品出入境更快。

**不设配额限制。**新加坡对进出口货物不实施配额限制，也没有类似的数量限制措施，除了危险品、武器、药品和化妆品等特殊货物和针对特定地区的进出口需要申请许可证外，一般货物可以自由进出口。

**事中事后监管高效，**新加坡强化事中事后监管制度的有效实施。在新加坡，非常注重诚信系统的构建，对于失信企业惩罚力度较大，企业一旦失信，就会丧失在新加坡注册企业的资格。

### （四）金融市场

新加坡金融市场开放程度较高，能为企业提供全方位的金融服务。首先是贸易结算自由。新加坡全面取消外汇管制，资金可自由流入流出，企业在新加坡一般可开立新元、美元、港元、澳元等账户，可自由决定结算货币种类。外资企业可在新加坡自由开立银行账户。外资企业可以向新加坡本地银行、外资银行或者其他金融机构申请融资业务。其次,资金进出自由。1997年金融危机后,新加坡逐步从一个强调管制、注重风险防范的市场,演变成以信息披露为主、鼓励金融创新的金融中心,新加坡的离岸金融市场也从分离型市场逐步转变为一体型市场,放开了对资金进出的管制,资金可自由流出流入。最后,新加坡融资服务全面到位。各国企业只要符合一定条件,都可以在新加坡交易所发行股票或债券。新加坡的融资租赁、项目融资市场也非常成熟,能为企业提供全方位的融资服务。对于投资海外的企业,新加坡金融机构设计了保险加贷款的融资模式。这些个性化的金融服务为新加坡企业的经营发展起到了巨大的推动作用。

**(五)人员流动**

新加坡的签证制度也比较健全,针对不同的群体设置不同的签证,无论是从事高端研发、管理工作的"金领"阶层,还是蓝领工人,都可以根据自身学历、技能水平获取不同的签证。依据《外国人力雇佣法案》,新加坡对外籍工人实行配额制度,不同行业有不同的配额,如制造业和服务业分别为60%和45%。

新加坡除了营商环境便利之外,生活环境也很宜人,医疗、教育、娱乐等配套实施健全。新加坡的宜居环境形成了竞争力和优势,吸引了大量高层次的人才。

**(六)法律制度**

新加坡法律体系属于英国法体系,经济法规体系完整。1969年制定了《自由贸易区法》,作为新加坡自由贸易试验区运行的核心法律,全面规定了自由贸易区的制度安排。新加坡政府不对企业进行常规的工商、卫生、环境保护等方面的行政管理,而由执法机构依据各种比较健全的等法律制度,对企业进行执法监督,并依法对违规者追究责任,真正做到依法治国。

### 三、税收制度安排

新加坡是举世闻名、以城市国家形态存在的自由贸易区（港），是跨国公司拓展亚洲区域业务的理想投资的区域。新加坡成为跨国公司设立区域总部最具吸引力，除了企业优质营商环境之外，还有其税制安排。目前，新加坡是世界上税制简易、税负最低的国家之一。据世界银行数据统计，新加坡的企业总税率长期位列于世界范围内最低国家之一，2017年税负仅为20.3%，而同期的中国大陆企业总税率为67.3%，美国为43.8%，日本为47.4%。此外，新加坡政府还积极与其他国家（地区）签订相关协定，使选择在新加坡开展跨国业务的总部公司享有更多税收优惠。具体如下：

新加坡现行主要税种包括公司所得税、个人所得税、关税和国内货物税、消费税、印花税、外国劳工税、预扣税及其他税收，2008年2月15日后，新加坡取消了遗产税。税种很少，税制结构简明，企业税负很轻。

首先，在关税方面，政策相对宽松。全球超过90%的货物可以自由进出新加坡而不需要缴纳关税，只有酒类、烟草（含卷烟）、石油产品、机动车等需要缴纳关税。新加坡还与全世界多个国家地区签署了自由贸易协定（FTA），绕开贸易壁垒，获得更多关税利益。

其次，在增值税方面，对于进口产品征收7%增值税；国际运输服务与进出口相关的运输服务，以及与进出口有关的货物装卸、搬运、保险等服务都适用零税率。

最后，税收政策透明，缴税时间成本低；特别地，新加坡政府致力于通过签署相关协定避免双重征税，这是吸引跨国公司总部落户的关键因素之一。

## 第三节　美国对外自由贸易区的经济发展和税收制度

### 一、经济发展状况

美国对外自由贸易区从历史上看可以追溯到20世纪30年代。1934年美国国会颁布对外贸易区法案及其修正案、对外自由贸易区法规、关税税则等，开始设立对外自由贸易区。美国对外自由贸易区管理方式比较开放，成立一个对外自由贸易区非常容易，只要企业想进入国际市场开展国际贸易，具备了条件就可以企业为依托提出申请。美国共有250多家普通对外自由贸易区、450多家附属特别对外自由贸易区，遍布美国50个州。根据美国商务部国际贸易署2015年年度报告，2015年美国共有186个对外自由贸易区处于完全运用中，共计324个对外自由贸易区有活跃的生产活动。美国纽约港在1979年由美国国会批准设立，面积8.41平方公里，也是一个影响比较大的对外自由贸易区。纽约港主要功能是货物中转、自由贸易，提供的物流和中转服务比较完善。目前，纽约港自由贸易园区是全美250多个自由贸易园区中面积最大的自由贸易试验区之一，港口对外排名位居北美第三、东海岸第一。除此之外，纽约港自由贸易园区目前还有多家制造商，40%的制造商出口海外市场。其次，纽约港自由贸易园区还包括9个活跃的子区，区内产业包括制造业、制药业、石油产品、特种化学品、香水和手表进口商及分销商。[①]

---

① 中国知网．

## 二、制度安排和创新

### (一) 管理体制

美国对外自由贸易区管理体制分为两级：一级是全国性的管理体系，以对外自由贸易区委员会为主体，主要是体现政府监管职能。美国商务部国际贸易署是主管对外自由贸易区的联邦政府部门，主要由商务部部长、财政部部长、海关等管理机构参与负责对外自由贸易区的审批、协调和监督。另一级是对外自由贸易区内部的管理体系，以被授权人和运营者为主体。被授权人执行部分政府管理职能，运营者负责对外自由贸易区的具体建设运营事宜，比如改善区内软硬发展环境，审批企业入区并进行日常管理。这种管理体制确保了对外自由贸易区建设的全国协调性以及联邦政府的统一管理，又可充分发挥地方积极性和市场机制的作用，保持对外自由贸易区的经营发展活力。

### (二) 运营模式

美国对外自由贸易区在运营模式上比较灵活，是总区加分区的模式，不要求集中在一个片区范围内，区外还设有若干分区，发展制造业、加工服务业。这种模式有效地扩大了对外自由贸易区的覆盖范围，提升了生产资源的空间配置效率。

### (三) 监管理念

大多数国家，尤其是发展中国家建立自由贸易区（港），实际是一种海关特殊监管区的模式。通常通过免除"再出口"商品关税来促进进出口，对内销售则被禁止，主要是"对外"的自由化。纽约港具有创新的监管理念，不但允许区内商品进入美国国内市场，为区与区之间货物自由转移提供便利以使对外贸易区企业能够更灵活地供应国内市场，使对外贸易区联系内外的桥梁作用得到充分发挥。纽约港实现了不同对外自由贸易区之间的互联互通，对外自由贸易区之间政策共享，相互转运十分方便，这对我国自由贸易试验区互联互通、打造组合港的改革具有一定借鉴意义。在通常的海关特殊监管区制度框架下，零售一般会被禁止，但美国对外自由贸易区却设置了例外：第一，经被授权人允许和委员会批准的国内产品、已付关税产品或免关税产品可在区内零售；第二，供总区或分区内工作人员消费的国内产品、已付税或免税食品以及非酒精饮料，零售不需经过批准。此外，对外自由贸易区内实施较为便捷的临时制造活动许可审批也为企业的研发试制等创新活动提供了较大便利。

（四）监管方式

节省货物处理费。对外自由贸易区的货物可以24小时无限制地通过海关。企业只需要每周申报一次过关记录和缴纳一次货物处理费。每个企业每周需要缴纳的货物处理费最多为485美元。在对外自由贸易区外的企业每次进口都需要申报，需要支付货物处理费。货物处理费也没有上限。

美国进口配额。需要美国配额的商品可以先存在对外自由贸易区，不受到配额的限制。一旦配额开放，商品就可以第一时间通过海关运入美国。

安全。对外自由贸易区受海关监督，提供海关要求的安检程序。对外自由贸易区内部的企业可以不必花费保险（行情专区）和保安的开支。

港口维护费。对外自由贸易区的企业根据运入区内的货物储量按季支付港口维护费，而不需要每次进口都支付。

库存控制。在保税区经营的企业需要执行严格的财务制度，保持接收、处理和发货等各环节的单据。通过这样严格的制度，有效地减少企业错误发送货物的可能。

转让商品的所有权。在对外自由贸易区内，只要没有零售销售，商品可以自由买卖。

原产地标记。进入对外自由贸易区的商品不需要拥有原产地标记，可以为企业节省复杂的手续和开销。如果需要，企业额可以在对外自由贸易区为商品加上原产地标签。

减少保险费用。对外自由贸易区内商品的投保价值不需要包括应缴进口税额的部分。所以为在对外自由贸易区内商品购买保险的时候，投保额度可以少一些，保险费用也要少一些。

简化进出口程序。在对外自由贸易区永远不用担心过海关造成的延误，或者进出口税务问题造成物品被查扣。

### 三、税收制度安排

#### （一）延迟关税政策

运进对外自由贸易区的货物不需要立即缴纳进口关税。只有当货物通过海关运入美国时才需要支付关税。

#### （二）倒转关税政策

通过在对外自由贸易区设厂，企业可以自由选择支付原料的税率还是成品的税率，由此可以选择其中税率低的来缴纳。在区内的货物不需要交关税，进入二线要缴纳关税，所不同的是进入二线要缴纳的关税中零部件关税比成品关税要高。这是一种税制的特殊安排，目的是鼓励产品在海关监管区或者对外自由贸易区进行加工，待组装成成品后再进入二线。①

#### （三）豁免关税政策

无关税出口。企业在对外自由贸易区设厂不需要支付任何进

---

① 美国海关当局于 1980 年 4 月 12 日作出规定：由美国原材料、零部件和外国原材料、零部件混合生产装配而成的商品进入美国市场时，仅对所包含的外国原材料和零部件征收进口关税，而且可选择按成品关税税率缴纳，以解决"关税倒挂"问题，鼓励在对外自由贸易区内进行加工制造业务。

出口关税实现出口。

节省为废品支付的关税。企业如果不在对外自由贸易区设厂，进口原料中的废品以及生产过程中浪费的原料也需要支付进口关税。

进口备件。企业可以在对外自由贸易区仓库储存目前不需要的进口备件。如果最终不需要该备件可以免关税地退回或者销毁。

质量监控。企业可以先免关税进口商品进入对外自由贸易区，经过质检合格后再支付进口关税通过海关进入美国。不合格的产品可以免税退回或者销毁。

对外自由贸易区之间运输免税。企业在不同的对外自由贸易区间转移货物是免关税的，只有最终通关进入美国的时候才需要支付关税。

国际退货。对外自由贸易区产品出口海外，如果遇到退货，不需要为退回的货物支付进口关税。

无须为人力和行政开支交税。在对外自由贸易区生产的产品运入美国海关时，进口价格中属于人力成本，行政开销和企业额利润的那部分不需要缴纳进口关税。

消耗的商品。在保税区加工消耗的商品一般是不缴纳关税的。

库存税。美国大多数州和县税务机关免除对外自由贸易区所有货物的库存税。因为根据联邦法律，为出口而设立的特别区域生产的产品或者是个人使用的进口有形资产免除从价税。

展览商品。许多公司利用对外自由贸易区作为商品和机械（行情专区）的展示区，因为把展品从海外运进对外自由贸易区不需要进口关税。

## 第四节 韩国自由贸易区的经济发展和税收制度

### 一、经济发展状况

韩国为了积极吸引外资,根据《自由贸易区的指定及运行相关法》,由产业通商资源部长官根据地方市道行政首长和其他中央行政机关首长提出的设立请求指定"自由贸易地区",目的是为了促进贸易、物流的融合和效益最大化,推动地方开发,扩大吸引外资,涉及工业园、机场、港口、流通园区、货物装卸中心等。包括产业园区型(蔚山、东海、群山、金堤、大佛、栗村、马山),总面积578.9万平方米,入驻企业175家;港湾·空港型(釜山港、浦项港、平泽·唐津、光阳港、仁川港、仁川国际空港),总面积2542.5万平方米,入驻企业177家。

2003年釜山成立镇海自由贸易区,首先由韩国颁布的指定法,进行的特殊的框架安排。运营周期是20年,到2023年要结束。在韩国经济自由区业绩评估中,釜山镇海经济自由区连续两年位居首位。截至2017年年底,入驻企业超过1480家,其中有127家外商投资企业,外商直接投资累计达到25.2亿美元。目前,当地正在努力吸引造船、汽车、高科技制造业领域的外国中小企业投资者。

### 二、制度安排与创新

韩国对进驻自由贸易区的条件较为优惠。以制造业和物流业企业为主入驻,强调两者的配合和集聚效果,其特点是不适用韩国关税法,入区的外国商品和部分韩国零部件的关税暂缓征收,增值税适用零税率,对于出口型制造业和物流业、进出口批发业务的外企提供有利的土地条件,分为"产业园区型"和"机场港湾型"两大类。入驻企业为韩国内企业或外国独资企业,或外国股份在10%以上的合资合作企业。重点发展产业是进口原材料后出口的企业,可以节省繁琐的税收返还程序,对于兼营制造业和物流业的大型外资企业较为有利。

入驻条件:具备以下条件之一者即可申请入驻:

(1) 以出口为目的的制造业;

(2) 以进出口贸易为主要目的的批发业;

(3) 货物的装卸、运输、保管、展示以及综合物流、船舶航空器维修保养和组装、燃料、饮用水、食品等船舶航空器用品的供应、物流设施开发和租赁业等物流业从业者;

(4) 对入驻企业提供支持的行业,如进入、保险、通关、税务、会计、海运中介代理和船舶租赁管理、船舶靠泊加油等港口服务业、教育培训、油料销售、废弃物收集和处理、信息处理、饮食店、食品销售、住宿、浴室、洗衣店、美容美发等行业的从业者。

优先入驻者:产业部长官告示的高科技行业,免除租税条例规定的高技术产业和产业服务业,与当地战略产业配套的重点吸引外资行业,技术转移和雇佣效果大的制造业。

入驻时限:最长不超过50年。

### 三、税收制度安排

#### (一) 关税的安排

优惠政策:免征或先征后退;

适用对象:境内关外,对外国进口商品免税;对于从韩国申报运入自由贸易区后直接出口或用于出口产品的韩国国内产品免征关税或先征后退。

### (二) 附加税

优惠政策：适用零税率。

适用对象：所有入驻企业经过申报运入自由贸易区后直接出口或用于出口产品的韩国国内产品，以及入驻企业间相互提供的外国产品和服务。

### (三) 地税

购置税、综合所得税（登录税）15年全免。

### (四) 国税

法人税、所得税，三免两减半（其中马山自由贸易区不计外商投资额，一律给予五免两减半优惠）。

上述地税和国税的税收优惠对象是：

(1) 高新技术、从事支持制造业服务的外商投资企业；

(2) 外商投资额1000万美元以上制造业；

(3) 外商投资额500万美元以上物流业。

## 第五节 阿联酋自由贸易区的经济发展和税收制度

### 一、经济发展状况

自1985年在迪拜的杰贝阿里建立第一个自由贸易区以来，阿联酋境内设立的自由贸易区及经济特区已经超过30个，是阿联酋经济的重要组成部分，主要集中在阿布扎比和迪拜。杰贝阿里自由区是阿联酋最大的自由区，目前入驻企业8000多家，涉及电子产品、石化产品、建材、汽车、机械设备、食品、医疗保健和医药等领域的贸易仓储和分销、工业生产，以及服务和物流行业。迪拜国际金融中心，2004年由迪拜政府成立，占地110公顷，其地理位置得天独厚，与伦敦和北京时差均为4小时。该中心已成为中东、非洲和南亚的地区性金融中心。

2016年迪拜酋长国GDP达3768亿迪拉姆（约合1029亿美元），同比增长2.9%；2017年迪拜经济增长率将达到3.2%。从外贸占GDP比测算开放度来看，迪拜为321%，排名在中国香港和卢森堡之后，位居全球第三。根据迪拜FDI（投资发展局）的数据显示，2018年上半年，迪拜吸引外国直接投资177.6亿迪拉姆（约合48.5亿美元），同比增长26%，迪拜跨入全球十大最受外国投资者欢迎的城市。同期，新增投资项目248个，同比增长40%，其中43%为中高科技项目（OECD标准），56%为来自工业化国家的战略性项目。引进外国直接投资项目中批发和零售行业项目排首位，共67个，占项目总数的27%，其次是酒店食品行业项目42个，占比17%，随后是管理和支撑服务类项目20个，软件类项目15个，金融保险行业项目12个。

## 二、制度安排与创新

### （一）管理模式

"三位一体"的管理模式，自由区管委会、港务局和海关完全是一家。在我国，推进自由贸易试验区建设涉及的职能部门的协调是一个很大的问题，也是大家反映比较多的一个问题。但是迪拜解决了这个问题，职能部门就是一家，人员统一管理，没有任何障碍。

### （二）海关监管

海关对区内货物采取随时抽查的方式进行监管。外国货物从海上进出该区均须向海关和港口进行申报。

### (三) 行业准入

区内除中转贸易、加工制造业务以外，其他与之相关的中介服务行业等可进入；除酒店、医院外，银行、法律事务、写字楼业、餐饮业等均可入区经营，但此类企业均须为阿联酋本国所有，外资企业不得进入。阿联酋对外商投资准入有限制，需要把一部分股权划拨给当地的自然人，是一种担保人的制度。但是在杰贝阿里自由区，投资准入更加开放，只要进入自由经济区，就不受这个条件的限制，这就使得大量跨国公司投资到杰贝阿里。在迪拜，自由贸易园区比较突出的特点就是对服务业的开放也是通过自由经济区的方式，来促进其企业发展，在城市地区建设了专门以服务业开放为功能定位的特殊经济区，在这些特殊区域的外商不受阿联酋的外商投资准入限制。

### 三、税收制度安排

阿联酋是一个低税国家，境内无企业所得税和个人所得税、增值税、印花税等税种。阿联酋没有联邦税收体系，税收制度由各酋长国自行规定。目前有税法的包括阿布扎比酋长国、迪拜酋长国、沙迦酋长国。根据海合会统一征税安排，自 2018 年 1 月 1 日起阿联酋将开始征收 5% 的增值税。

阿联酋联邦政府对一般商品征收 5% 的进口关税，部分农产品和药品免税，但对奢侈品征重税，如烟草税为 50%—70%。

阿联酋联邦政府不征收公司所得税、营业税、消费税等。各酋长国政府会根据自身的实际情况制定相关法律对企业经营实体征收所得税，但实践中，仅有油气勘探生产及石化类公司以及外资银行分支机构需要纳税。例如，阿布扎比、迪拜和沙迦规定，外国银行在汇出利润时要按照利润的 20% 交税，迪拜对石油企业应税所得征收 55% 的税（其他酋长国征收 50% 的税），以及特许权使用费等,最终实际支付税额根据外国公司和相关酋长国政府达成的特许权合同条款而定(一般在55%—85%之间)。

阿联酋没有个人所得税,不需要对公司收入和资本所得征税,但大部分酋长国会征收市政税,包括对餐厅出售的食品征收5%—10%的税,对酒店按客房征收10%—15%的税,对商业房产出租征收10%的市政税,对住宅用房产出租征收5%的市政税等。以阿布扎比为例,目前阿布扎比对酒店征收10%的服务费和6%的旅游税,但据2016年4月出台的最新法律规定,在阿布扎比的酒店将加收每房间每晚15迪拉姆加上房费4%的市政费。同时,该法案还通过了对阿布扎比外籍租户加收3%市政管理费的规定。

区内税收的安排也是高度便利。货物在区内存储、贸易、加工制造均不征收关税及其他税,进入阿联酋关税区时再征税。免征进出口关税和再出口关税。50年内不交企业所得税,即使优惠到期还可以延长。免征个人所得税。

## 第六节 自由贸易试验区(港)税收制度的国际比较启示

纵观世界具有代表性国家或地区的自由贸易试验区(港)税收制度安排,虽然各具特色,但基本表现出一定的规律性,这对于中国海南自由贸易试验区(港)税收制度安排具有一定的借鉴意义。

### 一、税收优惠范围全面

国际先进自由贸易试验区(港)十分注重税收政策立法的

完整性，税收优惠范围全面，主要表现在税种、优惠方式、税收征管程序、税收管辖权等方面。在税种上，企业所得税、个人所得税、关税、增值税、销售税等都有税收优惠的规定；在优惠方式上，不仅仅是税率的减少，还包括有免税、退税、延期缴税、加计扣除、税收抵免等多种方式；在征收程序上尽可能给予纳税人最大的便利，通过流程优化、网上缴税、涉税部门协同、一站式办税等大幅度提高缴税效率、缩短缴税时间。不仅有吸引外资的税收优惠，也有针对鼓励企业走出去的税收优惠。这一点值得我们借鉴，有必要对现如今的税收政策进行碎片化整合，扩大税收优惠的广度，深入研究并推出吸引外资以及鼓励对外投资的税收抵免、税收饶让政策，研究出台鼓励打造综合型经济发展模式的自由贸易试验区（港）税收优惠政策等。

**二、税收优惠力度较大**

国际自由贸易试验区（港）的税收优惠力度一般很大，而且税收优惠政策与设立自由贸易试验区的国家经济实力紧密相关。对于市场经济相对成熟的发达国家，其总体经济实力较强，对外国投资的依赖性较弱，实施的税收优惠政策就相对较少；相反，对于发展中国家，资金实力较弱，就需要吸引外资。例如，在巴拿马科隆自由贸易区内实行的税收优惠政策就较多。迪拜的杰贝阿里自由贸易区，不征收个人所得税，不征收进出口关税、不征来料加工等再出口关税，50年不征收公司税（企业所得税），成为名副其实货物畅通的自由贸易区。大巴哈马自由贸易区，在100年内，实行税种个数为0，即不征收任何税收。土耳其明确自由贸易区内企业雇员只需支付少量社会保险费，而全免个人所得税。韩国马山出口加工区免除企业雇员5年内的工资所得税。只有力度较大的税收优惠，才能真正形成"洼地效应"，吸引外来资本。

### 三、税收优惠统一立法

纵观国外自由贸易试验区（港）可以发现，各国对自由贸易试验区（港）的税收立法都有清晰的思路或目标。立法层次较高，且具有一定的稳定性，比较注重税收法治化、规范化建设。

### 四、税收优惠与目标定位紧密结合

大多数国家自由贸易试验区（港）都会从自身的经济发展战略出发，从自由贸易试验区（港）的目标定位出发，制定合适的税收优惠政策，十分注重吸引外资和内资发展本国经济建设中的短板和高新技术产业，为国民经济急需的行业和朝阳产业提供特别的税收优惠。

### 五、全面推行税收属地管理原则

例如中国香港和新加坡等都坚持收入来源地原则进行征税，仅对来源与自由贸易港内的各类收入实施征税管辖权，并可考虑对收入所得实行分类征税、分期纳税、尽量减少重复性课税。

# 第五章

# 支持海南自由贸易试验区（港）建设的税收制度安排

## 第一节 税收政策对海南经济发展的影响[①]

1988年，海南建省办特区。根据国务院相关文件规定，海南享有更多的经济自主权，实行比其他经济特区更为宽松和灵活的政策。其中，减免税优惠政策更是开启海南开发航程的主要手段。应该说，把海南建省办特区的功能定位为改革开放的"试验区"和"窗口"，主要依靠经济特区独享的减免税优惠政策来保证。利用这些政策优势，海南实现了建省办特

---

① 张云华.30年海南省财税政策研究.海南师范大学学报（社会科学版），2018（2）.

区早期放宽搞活、加快开发建设的目标，创造了海南经济大发展的奇迹，尤其是1992年，经济增速高达40.2%，1993年虽然有所回落，但仍达20.9%。

1994年，我国实行工商税制改革。此次改革坚持税收征收普遍、中性、简便和公平的原则进行，采取增值税与营业税并存征收的模式。增值税基本税率17%，主要针对商品生产、批发、零售和进口等环节征收；营业税采取简易征收办法，适用税率3%—5%不等，是基于对第三产业的扶持和鼓励初衷而设置。两税并存征收在某种程度上对以第三产业为主的海南特区是利好政策。此外，对内资企业和外资企业适用两套不同的企业所得税法，仍然保留大量对外商投资企业和外国企业的税收优惠政策，对于吸引外资依然存在一定的政策优势。

1995年，国务院停止执行包括海南特区在内的区域性进口物资减免税政策。据统计，1995年海南经济增速由1994年的27%下降到9.4%，到1997年只有5.5%。然而，这次改革的范围只限于进口环节税，其中主要是关税，调整的精神实质不是取消经济特区，仍然保留大部分海南独有的税收优惠政策。

2001年中国加入WTO。虽然WTO规则并不限制我国给予经济特区优惠政策，但是WTO的宗旨是为成员国创造平等竞争环境，减少对市场经济活动的干预。这一阶段海南特区税收政策优势逐步弱化：出口退税政策逐渐成为全国普惠政策；15%的企业所得税税率政策也由于在全国许多区域适用而不再具备多少优势；"外资型"税收优惠政策尚不完善，导致一些变相或虚假外资出现；税收优惠政策比较倾向于高新技术产业，限制了该政策优势的充分发挥。

2008年，我国内资企业所得税法和外商投资企业和外国企业所得税法合并，实行统一的企业所得税法，税收由原先以区域优惠为主改为以产业优惠为主，至此，海南特区税收政策优势几乎丧失。即便如此，经过 20 年的税收实践，海南在贯彻落实税收优惠政策方面已经相当成熟，不仅能为海南的经济建设筹集足额资金，也能顺应省政府每一阶段提出的经济发展战略，担负起宏观调控经济的主要职责，促使海南经济趋向理性并逐渐回暖。据统计，从 1998 年至 2008 年，除了少数年份的经济增长（2001 年和 2005 年）略有回落之外，其余年份的经济均处于上升态势。

当然，海南经济特区的税收优惠政策并未完全消失。2007 年，国务院批准设立的洋浦保税港区，这是我国在华南地区设立的首个保税港区，其设立是国家实施区域经济发展战略和能源战略的需要，更是促进海南特区的发展乃至整个北部湾地区发展的重要举措。洋浦保税港区可以叠加享受保税区、出口加工区等特殊开放区域的所有相关优惠政策，即国外货物进入洋浦港区实行保税政策、国内货物进入则视同出口实施退税政策、港区内企业之间的货物交易不征增值税和消费税等。这些税收政策是我国迄今为止对保税区实行的层次最高、最优惠的政策。

随着海南国际旅游岛建设战略的部署实施，2011 年海南开始试点的离岛免税购物政策，对乘飞机离岛的旅客实行限龄、限次、限值、限量和限品种免进口税购物。离岛免税政策是中央为实现海南国际旅游岛建设发展战略目标而赋予海南的一项特殊优惠政策，在促进海南旅游业转型升级、提升国际竞争力、调整经济结构、带动海南现代服务业发展等方面发挥了重要作用。此外，2013 年国务院还同意给予海南省博鳌乐城国际医疗旅游先行区相关税收优惠政策，这对先行区医疗旅游产生较为重要的影响。总之，自 2010 年以来，在我国经济整体进入新常态的大背景下，海南经济年均增速高达 12.7%，表现出强劲活力，这与洋浦保税港区的建立、离岛免税政策的实施以及博鳌乐城国际医疗旅游先行区的税收优惠政策的有效实施不无关系。

## 第二节 海南自由贸易试验区（港）税制安排的原则和总体设计

2018年10月16日，国务院印发《中国（海南）自由贸易试验区总体方案》指出，为了建设高标准高质量自由贸易试验区，应完善配套政策，其中，在税收政策方面强调现有相关税收政策的落实，充分发挥现有政策的支持促进作用；在其他自由贸易试验区已经试点可复制的税收政策均可在海南自由贸易试验区进行试点，其中促进贸易的选择性征收关税、其他相关进出口税收等政策在自由贸易试验区内的海关特殊监管区域进行试点；自由贸易试验区内的海关特殊监管区域的实施范围和税收政策适用范围维持不变。

从该总体方案可以看出，目前海南自由贸易试验区与非自由贸易试验区相比存在一定的政策优势，但基于海南自由贸易试验区当前发展定位、国家发展战略以及国际形势，现行自由贸易试验区税收政策与世界许多自由贸易试验区（港）相比，其优惠程度还远远不够。如前所述，世界绝大多数的自由贸易试验区（港）建设都离不开税收优惠政策的支持。因此，在我国从自由贸易试验区到自由贸易港的建设中，要吸引大量的企业到自由贸易试验区（港）进行投资建设，要引进大量优秀人才，税收政策应有所创新和突破。尤其在海南逐步探索、稳步推进中国特色自由贸易港建设中，构建税收优惠政策体系不仅符合"国际惯例"，也与我国国情和海南省省情相符。当前海南税收收入规模较小，占全国税收收入比重3%左右①，制定税收优惠政策给国家财政造成的压力和风险较小，但由此形成的"洼地效应"较强，能吸引国内外资本涌向海南，带动海南经济的繁荣发展。基于此，海南自由贸易试验区（港）税制模式的选择应坚持"简税种、低税负、高效率"的原则进行设计。

## 一、海南形成"洼地效应"税收制度安排的正当性基础

海南自由贸易试验区（港）洼地效应的税收制度安排就是要自行建立一套税收体系，要实行比国内其他区域，甚至其他国家更优惠的税收政策，以直接或间接方式减轻或免除自由贸易试验区（港）内特定纳税人的税收负担，吸引更多的纳税人积极参与自由贸易试验区（港）的建设，推动贸易创造，从而带动海南自由贸易试验区（港）的经济繁荣。然而，海南自由贸易试验区（港）自成一套税务体系，必须要经过充分论证，必须要具备正当性的理论基础。

### （一）供给学派的减税原理

进入20世纪70年代，美国经济出现了经济停滞和通货膨胀并存的"滞涨"现象，而凯恩斯主义对此束手无策。于是，供应学派应运而生。供应学派主张"供给管理政策"，减税政策从供给效应出发，目标是刺激高收入者的投资供给。供给学派的税收观点归结为三个基本命题：第一，高边际税率会降低人们的工作积极性，而低边际税率会提高人们的工作积极性。从劳动供给的角度，过高的边际税率降低了劳动者税后收入，人们可能选择不劳动或者闲暇。从劳动需求的角度，企业会因为纳税后从劳动

---

① 据统计，2016年全国税收收入为130360.73亿元，海南税收收入只有4053.20亿元，占全国税收收入的3.1%。

第五章　支持海南自由贸易试验区（港）建设的税收制度安排

赚得的收益减少，从而会减少对劳动的需求，因此，降低边际税率，能增加劳动的供给和需求。第二，高边际税率会阻碍投资，减少资本存量，而低边际税率会鼓励投资，增加资本存量。同理，过高的边际税率会降低税后的投资收益，自然会影响人们投资的热情。因此，降低边际税率会提高投资的增长。第三，边际税率的高低和税收收入的多少不一定按同一方向变化，甚至可能按反方向变化。换言之，边际税率高并不一定获得高的收入，因为在现实中，过高的税率可能使人们的逃税动机加强，可能会助长"黑色经济"的产生，因此会减少税收收入。而制定较低的税率使纳税人不会谈税色变，会更倾向于合法经营，照章纳税。

供给学派的三个基本命题可以从供给学派的代表人物拉弗设计的"拉弗曲线"得到说明，拉弗曲线是说明税率与税收收入和经济增长之间的函数关系的一条曲线，至少阐明了三个方面的含义：第一，高税率不一定取得高收入，而高收入也不一定要实行高税率。第二，取得同样多的税收收入，可以采取两种不同的税率。第三，税率、税收收入和经济增长之间存在相互依存、相互制约的关系，从理论上说应当存在一种兼顾税收收入与经济增长的最优税率。因此，保持适度的宏观税负水平是促进经济增长的一个重要条件。

世界银行经济学家凯思·马斯顿选择了具有可比性的20个国家20世纪70年代的经验数据，对宏观税率的高低对经济增长率的影响进行了实证分析，基本结论是：较低的宏观税率对提高本国的经济增长率具有积极的促进作用。自2008年开始至今，在国际金融危机的浪潮中，我国经济未能独善其身。为了应对金融危机，中国政府实施了积极的财政政策。在积极财政政策的一揽子方案当中，结构性减税政策被认为是调整内需结构，促进外需回暖的重要工具。结构性减税着眼于减税，税负总体水平下降,应该说,减税对于经济的增长确实起到不少的刺激作用。毫无疑问,根据供给学派的减税理论,海南自由贸易试验区(港)设计较为优惠的税率,必将对经济发展起到带动作用,从长期看将带来财政收入的增长,使经济和财政税收实现真正的良性循环。

**(二)税务行政效率原则**

古典经济学派代表亚当·斯密认为,税收不过是为了维持"廉价政府"而取得收入的手段,一切税收都会减少社会各阶层的收入,影响资本积累,是阻碍资本主义经济发展的因素,因此,主张"税不重征"。这种观点与该学派所主张的自由经济思想一脉相承。亚当·斯密在1776年《国富论》中,第一次明确系统阐述税收原则,即平等原则、确定原则、便利原则、最少征收费用原则。其中,便利原则主张税收的完纳的日期和方法必须给纳税人最大的便利,而最少征收费用原则是指征税和纳税的成本、费用要最小。征税是通过强制性手段将一部分资源从私人部门转移到政府部门的过程,这种转移不可避免要耗费一定的人力、物力和财力。这种因征税而发生的资源耗费称为税收成本。为了使社会资源得到更有效的配置,应当使税收成本最小化,以较少的征收费用、便利的征收方法获取足额的税收收入,即通常所说的花最少的成本获取最多的收入,这就是税务行政效率原则,也称为节约与便利原则。激励自由贸易试验区(港)建设除了构建税收优惠政策体系之外,也应构建一套高效、便利,纳税人遵从成本较低的征管体系。

**(三)税收主权原则**

税收主权原则是以维护和保障本国征税自主权为宗旨的税收制度准则,不受外来意志控制和干涉。税收主权原则内容包括三个方面:一是独立自主的征税权。这是国际法的基本原则之一,就是互相尊重国家主权，自主决定国家的内政、外交以及征税权力。这种自主税权由一国的宪法规定，不受他国控制，也就意味着一国可以任意制定本国涉外税法，包括税收管辖、税基、税率及其他税法规则等。二是自主协定税收权。三是自主选择税收管辖权。各国政府可自由选择和行使上述某一种或两种税收管辖权，确定本国政府的征税权利范围，并通过单边或双边措施解决国际双重征税问题。由于自由贸易试验区是一个单向的、向所有国家或地区的商品开放的区域，它不可避免地涉及"涉外税收"规则的制定，因此在自由贸易试验区内实行某种税收优惠是一国行使税收主权的重要表现，不受他国干涉。

（四）政府纠正市场失灵理论

古典经济学派代表亚当·斯密主张市场这只"看不见的手"对资源进行配置是最有效率的，但要基于完全竞争市场这一大前提下。然而，由于垄断、信息不对称等，市场也有照顾不到的时候，此时市场就会失灵，就会带来负的外部效应。为了纠正和避免这种负的外部性，政府就要出台一定的政策，其中也包括税收政策，进行干预，以实现资源配置的最优化。在自由贸易试验区（港）的建设发展中，更多是强调"自由""开放"，有可能放松监管，任由私人微观经济主体进行投资决策和商品贸易，就有可能会带来一定"负外部性"。因为市场主体投资如果不加引导就会陷入盲目状态，其趋利避害的特点导致其未能将自由贸易试验区（港）的产业建设目标与最佳的生产要素结合，进而使市场配置资源效率受损。此外，过度自由竞争，也有可能造成其他区域的高污染、高能耗、高排放等有害产品或夕阳产业流向自由贸易试验区（港），造成自由贸易试验区（港）建设的低端运行。因此，政府必须出面干预，其中税收是政府用来矫正市场失灵的有效手段之一。

## (五) 非均衡经济理论

在区域发展领域，美国经济学家阿尔伯特·赫尔希曼在其《经济发展的战略》中提出了"不均衡发展"策略。他认为，经济成长不会同时在每个地方出现，发展中国家的经济发展是不平衡的，为使失去的平衡得以恢复，应该采取不平衡的发展战略。由于发展中国家资金有限，人才缺乏，也不可能百废俱兴，只有重点地利用有限的资源，集中力量将在某一个或某几个经济实力较强的区域率先发展，产生巨大的经济助推力，才能带动其他区域的发展。税收优惠政策的实施也是遵循一种非均衡的发展逻辑，认为自由贸易试验区（港）优先发展旨在以先进带动落后，促进整个国家的经济发展，适当的税收优惠安排迎合了这种非均衡模式的需求，能为自由贸易试验区（港）的发展创造良好的制度环境。

## 二、海南自由贸易试验区（港）税收制度的整体设计

### （一）削减税种数量，简化税种

海南自由贸易试验区（港）的建设应注重营商环境的营造，而纳税环境是营商环境的重要组成部分。如果税制过于繁杂，税种较多，必然会增加纳税人的遵从成本，使之对自由贸易试验区（港）的投资望而却步。因此，支持海南自由贸易试验区（港）建设的税制结构中税种的设置一定要少，简单明了。世界上大多数自由贸易试验区（港）的税种一般都少于10种。因此，海南自由贸易试验区（港）税种可以削减，基本保留企业所得税、个人所得税、增值税、关税、环境保护税、资源税、房地产税等，对于其他税一律免收。

### （二）降低边际税率，切实减轻税负

目前我国实行税收国民待遇，其他优惠还在不同特殊经济区

存在。海南如果实行税收优惠制度，需要全国人大或其常委会修改法律或者赋予海南单列税收制度。海南要尽快开展税收制度研究和设计，如简约税制下的低税率和一定时期的免税；如恢复海南办经济特区时15%的企业所得税，还可以鼓励海南自由贸易试验区（港）建设重点产业，如对使用环保设施企业、高新技术企业等给予企业所得税的全免优惠。实行一定时期的免税制，如企业和个人创业初期10—15年内各税全免，对高新技术企业、"新兴产业企业"和"小微企业"免税期满之后10—15年减半征收所得税等。将三档增值税改为两档10%和5%，增大出口退税税率；对特殊人才提高个人所得税免征额；降低社保费率。此外，可以在自由贸易试验区（港）全面试点税制改革。诸多国内尚未开征或者正在改革中的房产税等税种可以在自由贸易试验区有更大胆的尝试。

### （三）优化征管环境，提高征管效率

在税收总量既定的条件下，税收成本主要取决于税收环境和税收制度。税收环境是指影响税制正常运行的各种外部条件，如收入申报制度、财产登记制度、结算制度、计算机应用程度、财会建账状况、公民纳税意识、法制化程度等。因此，自由贸易试验区（港）的建设要想提高征管效率，必须优化征管环境，不仅要营造透明、公开、统一的税收政策环境，更要突出税收管理机制上的制度创新。要建立自由贸易试验区（港）统一办税平台实现自由贸易试验区内企业网上自主报税、自主退税、网上备案、网上直接认定等涉税事项，简化办税流程，提升办税效率，真正实现"办税一网通"。要强化合作意识，依靠大数据，争取在纳税服务、政策咨询、税收数据交换、税务协查等方面开展交流合作，提高对自由贸易试验区（港）内企业的联合服务管理水平。要规范纳税服务落实依法行政。积极推进自由贸易试验区

内税收执法权力清单制度建设，拓展纳税服务渠道，真正地服务好区（港）内企业。

## 第三节 助力海南经济健康发展的税制安排

在我国除了海南之外的 11 个自由贸易试验区建设中，更多强调各种制度的改革和创新，这对自由贸易试验区建设的效率提升和带动其他区域的发展起到较大的作用。但是，海南自由贸易试验区的建设，尤其在今后逐步探索、稳步推进中国特色自由贸易港的建设中，仅仅强调税收的制度创新还远远不够，还需借鉴国际自由贸易试验区（港）的惯例，加大税收优惠政策的力度，吸引外来资本，支持海南构建更加完善的基础设施体系、优化升级海南产业结构、构建创新驱动型经济、实施乡村振兴战略等等，以期实现税收与经济发展的良性循环。

### 一、支持海南构建完善的基础设施体系

#### （一）海南基础设施现状和问题

近几年，在海南省委省政府的科学决策下，海南省人民团结奋斗、攻坚克难、改革创新、开拓进取，在基础设施建设方面取得了可喜成绩。以交通运输业为例，2013—2017 年，全省公路水路共完成投资 517 亿元，全省公路通车总里程 3.07 万公里，路网密度由 71.6 公里/百平方公里提高到 90.5 公里/百平方公里，"田"字形环岛高速路网贯通全岛。海口港区、三亚港区、洋浦港区一大批大型化、专业化码头相继建成投入使用，"四方五港"格局基本形成，功能定位基本清晰。琼州海峡运输更加方便快捷，邮轮游艇迅速发展。海口市、三亚市列入国家公交都

市创建示范城市。海口港跻身"百万标箱"和"亿吨大港"行列。三亚港建成亚洲最大邮轮码头，游艇泊位达到1622个，位居全国前列。海口美兰国际机场占地面积1140公顷，拥有1条长3600米、宽45米跑道；航站楼总规模近15万平方米，站坪总面积79万平方米，站坪机位78个。2017年，海口美兰国际机场累计执飞航班156065架次、共计运输旅客2258万人次、货邮行吞吐量突破30万吨，在中国全国机场的旅客吞吐量排名第17名。海口美兰国际机场综合交通枢纽中心建成投入使用。2018年夏秋航季，海口美兰国际机场共通航中国国内外城市105个；共有40家航空公司在海口美兰国际机场运营169条航线。

然而，对标高质量发展、对标自由贸易试验区（港）建设，海南基础设施发展还面临许多现实挑战，基础设施发展不平衡不充分问题仍然突出。如，环岛高铁和环岛高速交通大动脉形成了，但国省县村公路供给量不足、等级结构不高、公路网密度亟待提高；交通运输一体化、多样化、个性化服务水平不高，运输服务供给质量还有较大提升空间；交通运输与大数据、互联网深度融合不够，陆海空互联互通、无缝衔接的立体交通体系建设存在差距；海洋运输基础设施和远洋运输能力与海洋大省、与南海航运枢纽区位、国际旅游岛建设不够匹配；行业管理精细化程度不够，行业监管跟不上新技术新模式新业态步伐，交通安全生产形势待改善等。

以城市运输承载能力和机场建设两个指标与全国数据相比较说明海南基础设施建设中存在的问题。2017年，海南省全年货物周转量是918.79亿吨公里，是全国货物运输周转量196130亿吨公里的0.47%，重点货物港口吞吐量是17941.91万吨，是全国规模以上港口完成货物吞吐量126亿吨的1.4%。海口美兰机场虽然在全国机场中位于前列，但是海南全省目前在用的机场只有6个,民用机场有国际海口美兰机场、国际三亚凤凰机场和国际琼海博鳌机场;军用机场有陵水机场、乐东机场和三亚机场等,数量偏少,与自由贸易试验区(港)建设的要求尚有差距。

**(二)基本思路**

基础设施建设是区域经济发展的先决条件,海南自由贸易试验区(港)建设无疑需要完善的基础设施体系做后盾、做支撑。2018年7月25日,为贯彻落实习近平总书记在庆祝海南建省办经济特区30周年大会上的重要讲话精神和《中共中央国务院关于支持海南全面深化改革开放的指导意见》精神,支持海南高质量建设现代综合交通运输体系,积极探索建设自由贸易试验区和中国特色自由贸易港,打造深化交通运输改革开放试验区、交通强国建设先行区,推进海南交通运输全面深化改革扩大开放,交通运输部制定了具体的实施方案。其中重点支持海南构建现代化综合交通基础设施网络,服务海南现代化经济体系建设,指导海南高标准、高定位、高起点编制综合交通运输体系中长期发展规划,积极对接粤港澳大湾区交通规划,加快构建适度超前、互联互通、安全高效、智能绿色的综合交通网络。列入规划的建设项目予以优先安排、重点支持。

海南省基础设施的建设有待加强,难以支撑海南自由贸易试验区(港)建设的需要,当务之急是要从各个领域出台政策支持改变基础设施落后的局面。在税收政策领域,主要体现在企业所得税的优惠上。我国现行企业所得税法对企业从事国家重点扶持的公共基础设施项目,即《公共基础设施项目企业所得税优惠目录》规定的港口码头、机场、铁路、公路、城市公共交通、电力、水利等项目,其投资经营的所得,自项目取得第一笔生产经营收入所属纳税年度起,第一年至第三年免征企业所得税,第四年至第六年减半征收企业所得税。其实,海南自由贸易试验区

（港）关于基础设施所得税优惠政策范围可以更加广泛，重点扶持海南生态环保、农业和水利工程、市政基础设施交通、交通基础设施、能源设施、信息和民用空间基础设施、社会事业投资等领域；支持的力度应加大，可实施"五免五减半"的优惠。此外，可出台一定的税收政策鼓励企业创新基础设施投资方式，大力推广政府和社会资本合作模式（PPP）。

## 二、税收促进海南三次产业结构的优化升级[①]

### （一）海南产业结构现状和问题

随着国家发展战略在海南的逐步贯彻实施，海南的三次产业结构正逐步优化。自2012年以来，从增长速度来看，第一产业5年间的增速平均为5.36%，第二产业为8.54%，第三产业为9.98%；从结构上看，三次产业增加值占地区生产总值的比重，2012年为24.9∶28.2∶46.9，到2016年，这一比重为24.0∶22.3∶53.7；2017年这一比重为21.9∶22.4∶55.7，表面上看，海南省产业结构呈"三二一"的分布格局，似乎与"配第—克拉克法则"相符[②]，但实际上，在对海南产业内部结构进行分析，并与世界和国内其他发达省份的产业结构相比之后，我们发现，海南省产业结构并非"配第—克拉克法则"所揭示的产业结构演进规律，而是呈现出低端化和单一化的特征。

第一产业特色优势不明显。虽然近几年来海南第一产业增加

---

① 张云华.30年海南省财税政策研究.海南师范大学学报（社会科学版），2018（2）.

② 这是传统产业结构理论关于经济发展与产业结构演进之间关系的总结，即随着人均国民收入水平的提高，劳动力首先由第一产业向第二产业转移，当人均国民收入水平进一步提高时，劳动力便向第三产业转移，按照这一规律最终会形成"三二一"的产业结构。这一理论是英国经济学家科林·克拉克（Colin Clark，1959）在威廉·配第（William Patty）所作推断基础上提出的，故称配第—克拉克法则。

值占地区生产总值的比重在逐年下降,但与国外和国内其他发达地区相比,比重仍然偏高。结合海南资源优势对经济发展的贡献度分析,海南作为海洋大省,拥有全国最丰富的海洋渔业、海洋植物资源,但其对海南经济发展的贡献度并非很高。据统计,2016年,渔业对第一产业增长的贡献率只有26.4%,说明其资源优势并没有得到充分利用。另外,海南作为热带农作物基地的潜力挖掘还远远不够,目前仍面临农业技术进步较慢、劳动生产率较低、初级农产品占比较大、农产品出口能力较弱、农产品商品化程度不高等问题,这大大制约了海南农业现代化进程。

第二产业是海南经济短板。一是大规模大项目、高技术、资金密集型的工业企业很少,比重偏低,许多工业企业的产品技术含量不高,市场竞争力整体偏弱。二是工业发展和资源优势不匹配。海南省的工业所在行业主要集中在农副食品、石油加工等由省发展规划确立的八大主要产业①。近年来,海南工业增长较快的是合成纤维聚合物(PET),其次是饲料、电力等行业。而海南省"十三五"规划明确要求发展的医药产业只有7.7%的增长,汽车制造业只有0.2%的增长。三是产业组织结构松散,缺乏产业集群效应。例如,新能源产业中的太阳能、海洋潮汐能等清洁能源方面开发力度不够,导致本可以具有联动效应的能源产业发展不足。四是工业发展的基础设施瓶颈依然存在,尚未建立有效解决工业发展与生态环保矛盾的政策调控体系,许多工业项目迫于环保要求没法上马,进而制约了海南经济的进一步发展。

第三产业的根基较为薄弱。虽然第三产业有较高的比重,但

---

① 海南省自身定位为八大工业支柱的行业是:农副食品加工业、造纸及纸制品业、石油加工业、化学原料和化学制品制造业、非金属矿物制品业、汽车制造业、医药制造业、电力、热力的生产和供应业。

并非产业结构高度化的表现,原因是缺少第一、第二产业的有力支撑,根基比较薄弱。从行业结构上看,居主导地位的仍然是传统的批发零售业、交通运输邮政业和住宿餐饮业,2016年占第三产业的比重为39.4%,这些行业对海南经济发展的带动作用较小。近几年来,海南省以旅游立省,大力发展旅游业的产业政策也取得了一定成效,2016年占第三产业的比重为14.3%,位居第三,仅次于房地产业,但是,以旅游业作为龙头产业带动其他产业联动发展的旅游大产业链尚未形成。更为关键的是,海南省在信息传输、软件和信息技术、文化、体育和娱乐业、租赁和商务服务等现代服务业基础较为薄弱,对第三产业增加值贡献度较小。

三次产业间缺乏联动发展。既有的研究表明,工业化过程不是工业独立发展的过程,而是与农业现代化和服务业发展进程紧密联系在一起的。海南产业化进程中面临的主要问题是,三次产业发展水平较低,基础薄弱,工业企业分布零散,行业间的生产联系和协作配套差,未能妥善处理工业化与农业现代化和旅游服务业之间的关系。农业现代化进程较慢导致现代意义上的观光农业、休闲农业也不能与旅游业的发展形成产业集群效应;而制造业的发展滞后导致对服务产品需求较低,因而很难带动生产性服务业的快速发展。

**(二) 基本思路**

1. 支持海南发挥资源优势打造热带特色农业王牌

针对农产品加工企业,确保减免税优惠政策的落实,尤其是对于农产品加工小微企业,要确保其享受到小微企业各项免税政策;积极与金融机构合作,为解决小微企业融资难问题而推出"税银互动—税易贷"服务。更为重要的是,要采取比现在更加优惠的税收政策加以支持:

（1）优化农业产业结构布局。调整农业结构，保护和合理利用农业资源，有效防治农业污染，促使传统农业向生态农业转变；打破制约农业发展的瓶颈问题，优化农业区域布局，注重新品种、新技术的推广，加强农业科技创新力度，全面推进农业产业结构升级。

（2）发展高新技术热带农业。根据其他发达国家和地区的经验，接近工业化中期阶段，人们要求农业不断提供优质、健康、快捷、方便、特色的农产品及其服务，为此，海南应当加大农业技术研发力度。国家应采取税收优惠政策支持海南研发农业发展新技术，提高海南农产品供给能力和农产品质量水平，增加农民收益；鼓励采用"产学研"结合模式，围绕重点发展农业产品，"一对一、点对点"地研发农业新技术，使之能迅速高效推动农业向现代化迈进。

（3）加快发展休闲观光农业。税收政策支持推动农业发展与旅游业发展的紧密结合，推动休闲观光农业的发展，促进海南社会、经济、生态协调发展。在深入挖掘现有资源的基础上，继续开发民俗风情旅游、休闲渔业、风情小村镇、花卉种植、林果采摘等农业旅游资源；"创造"市场，引导农民围绕市场配置农业生产资源。

2. 支持发展基于生态特区战略新型工业

运用税收政策，大力支持海南发展低碳制造业和高科技含量、清洁生产性的生态工业，形成以太阳能、潮汐能等为主的电力等清洁能源产业集群，由此支撑海南新工业化发展，推动海南工业化进程；支持以更加严格的环保标准发展油气产业，形成油气产业体系，促进海南经济和就业增长，并以此推动生产性服务业的发展；支持海南海洋产品深加工制造业，延伸海洋产业价值链，努力跃上产业价值链的高端。

（1）税收支持优化工业产业结构布局。海南工业产业升级和结构调整面临资源、环境、技术和市场等方面的制约，因此，海南工业发展必须走集约化内涵式发展之路，优化工业产业结构布局。突出环境特色和产业特色，从目前的市场需求出发，结合海南省实际，改造升级传统工业；把有限的污染源控制在限定区域内，把主要污染物排放总量控制在规定的限度内，并积极发展低碳制造业和高科技含量、清洁生产型的生态工业；依托丰富的海洋资源，加快发展海洋加工业；围绕"十三五"规划中的六大产业园区打造食品加工制造产业集群、油气产业集群、食品深加工产业集群，以获得产业发展的外部效应，有效降低产业发展成本。

（2）税收支持大力发展清洁能源产业。根据比较优势理论，一个地区或国家的产业化发展应根据其地区优势发展具有比较优势的产业。从海南所处位置和目前产业发展现状来看，应当大力发展以节能环保为特征的清洁能源，形成以太阳能、潮汐能等为主的电力等清洁能源产业集群，由此支撑海南新工业化发展，推动海南工业化进程。

（3）税收支持建立油气主导产业体系。海南有丰富的油气资源，随着油气开采地不断深入，应当进一步延伸油气产业链条，即本着绿色发展、生态立省的要求，走集约化、规模化和一体化之路，紧紧围绕海南省"十三五"经济社会发展规划，抓住"一带一路"建设、南海开发等机遇，以更加严格的环保标准发展油气产业，形成油气产业体系，促进海南经济和就业增长，并以此推动生产性服务业的发展。具体可支持在洋浦、东方两个园区形成清洁高效的油气产业，形成产业集群和产业链条；深入挖掘海南铁矿、石英砂矿、钛铁矿等矿产资源；适当发展非金属矿石采选、冶炼、加工制造等产业，以及橡胶、造纸等产业，作为油气产业补充。

（4）税收支持发展海洋深加工制造业。一个国家或地区之所以经济发展停滞不前，并在地区贸易中形成贸易逆差，导致地区经济发展所需资金严重不足，进而在中心—外围结构中处于外围位置，并引致一些例如低水平贫困陷阱等发展问题的产生。这其中一个重要原因就是，出口总量中农业出口所占比重较大，而大部分农产品都是初级农产品。海南目前就呈现出这一发展特征，热带农业虽然是海南比较优势的产业，但热带农产品加工仍处于产业链的低端。因此，税收政策应支持发挥海南热带农业的比较优势，大力发展海南海洋产品和农副产品深加工制造业，延伸农业产业价值链，提高农产品的附加值，努力跃上产业价值链的高端。

3. 支持以旅游业为龙头的第三产业体系的构建

（1）税收政策支持形成以旅游业为龙头的产业链。自国家把海南定位为国际旅游岛以来，政府加大了对旅游业的投资，来海南旅游的国内外人数也逐年增多，旅游业收入快速增长。但由于国际旅游岛的建设刚起步，旅游业发展过程中也出现了诸如缺少国际知名旅游产品、旅游目的地相对集中、旅游产品单一、旅游设置不健全、淡旺季分明、旅游人员素质不高等问题，大大制约了海南旅游岛的建设。逐步健全海南离岛免税政策体系，实行岛内外居民一视同仁的国民待遇；提高免税购物控制额度；对离岛免税店经营品种实行正面清单管理制度；放宽多种交通离岛方式限制；建立健全特许经营免税店管理制度；坚持以建设海南国际购物中心的发展规划为依据、与发展规划设立的六条精品旅游线路相匹配、与海南基础设施建设规划相结合去优化特许经营店布局；完善离岛免税监管体系；抓紧推进海南离岛免税产业现代服务配套体系建设，尽快健全多维度营销体系。

(2) 税收政策支持加快互联网经济的跨越式发展。近年来，随着互联网技术快速发展，在一些发达地区，互联网经济在第三产业中逐渐处于主导地位，并且互联网技术的发展快速地引领未来经济的走向，对各行各业的带动作用非常明显。加快我省互联网经济发展，应采取税收优惠措施支持：①引进国内知名互联网企业，培育海南本土企业，实现海南互联网经济跨越式发展；②深入推进"数字海南"建设。实施"互联网+"行动计划，推动移动互联网、云计算、大数据、物联网在经济社会各领域普及应用，积极推广基于移动互联网入口的各项城市服务，以互联网技术推动海南农业与工业的科技创新，促进海南旅游产业快速发展，把海南打造成智慧旅游城市；③壮大海南电商经济规模，建立健全城乡一体化的电商服务体系，促进海南特色产品的销售。

(3) 税收政策支持发展现代物流业做大港口经济。海南是连接祖国大陆与东南亚以及印度洋沿岸国家的重要海上交通枢纽，具备发展现代物流业的天然优势。近年来，我国与东盟经济联系越来越紧密，海南发展现代物流业优势非常明显，海南应抓住"一带一路"发展机遇，借鉴新加坡的成功经验，出台更多税收优惠政策，大力发展航运、中转、加工贸易等业务，促进国际物流和保税物流加快发展，打造面向东南亚、背靠祖国南部腹地的航运枢纽、物流中心和出口加工基地。

(4) 税收政策支持离岸金融的发展。离岸金融是指设在某国境内但与该国金融制度无联系，且不受该国金融法律法规管制所进行的资金融通活动。离岸金融业务始于20世纪60年代，当时，一些跨国银行为了避免国内对资金融通及银行发展的限制，开始在特定的国际金融中心经营所在国货币以外其他货币的存放款业务。而离岸金融享受税收上的优惠也是离岸金融业务迅速发展的重要原因。我国支持海南自由贸易试验区（港）建设离岸金融，就应出台相应的税收优惠政策。

### 三、支持海南构建创新驱动型经济体系

#### （一）海南科技创新现状和问题

海南科学技术从成果上和财政投入上看，跟其他发达省份有较大差距。2017年，全省组织实施国家自然科学基金项目189项，占国家自然科学基金总资助项目43935项的0.43%；全年共申请专利3989项，获得专利授权1793项，而全国的全年境内外专利申请369.8万件，授予专利权183.6万件。新批准设立省级重点实验室3家和工程技术研究中心1家，没有国家级重点实验室和工程技术研究中心。科学技术支出（类）基础研究（款）支出决算为3382.71万元，科学技术支出（类）应用研究（款）支出决算为7475.19万元，科学技术支出（类）技术研究与开发（款）支出决算为7385.45万元。三者加在一起共18243.35万元，是全国研究与试验发展（R&D）经费支出17500亿元的0.01%，其中基础研究经费是全国920亿元的0.036%。

企业自主创新和技术进步是一国或者地区经济增长的内生变量。在国家或地区工业化、市场化进程中离不开科技创新和进步。必须承认，我国与欧美日韩等先进国家或地区相比仍存在一定的差距，而海南更是我国科技创新较为落后的地区，自主创新体制尚不完善，没有建立健全的技术吸收、扩散和转换系统，政策支持力度有待加强，使得很难通过引进外资的方式吸收国外先进的技术，从而难以在第三次科技浪潮中掌握主动权。因此，要想获得真正意义上的先进技术和管理经验，唯有实施创新驱动发展战略，构建创新驱动型税收政策体系，聚焦南繁育种、深海科技、航天科技等"陆海空"领域，加快形成海南平台、服务、

政策、改革、环境五位一体的创新创业生态系统；放松海南产业结构优化中面临的高级生产要素的约束条件，发展高新技术产业，进一步发挥海南高新技术产业对其他产业的辐射和带动作用。

**（二）基本思路**

1. 税收支持建设科技服务平台

利用税收优惠、加速折旧、政府支持性融资和政府采购等方式充分调动企业科技创新的积极性，强化企业创新主体地位；加快双创载体建设，支持建设科技服务平台，为创新创业提供服务支撑。

2. 税收推进开放协同创新

鼓励以企业为建设主体，自建研发团队或联合科研机构，建设特定行业的产业研究院，服务特定产业转型升级；引驻一批开放式重点实验室及其分支机构，加强与中船重工、中科院深海研究所等合作，不断推进产学研"深度融合"，协同开展科技攻关，推进技术成果就地转化。

3. 税收支持培养创新创业人才

支持企业与高校院所开展多层次、多样化的联合培养和创业实习，开展企业管理者和技能人才培训。支持大学生创新创业计划，鼓励在校大学生创业。支持高校开设创业课程、探索"学术＋创业"双导师培养模式，建立大学生创业苗圃或创业训练基地。支持精英创业计划，激活传统企业的科技创业活力，鼓励大企业员工开展内部创业。

4. 税收支持资金融通平台的建设

税收引导更多企业、机构、个人进入天使投资领域，做大做强天使投资基金；帮助更多的中小微企业和民营企业融通资金；围绕新兴产业成立产业股权投资基金，扩大创投基金覆盖范围。

### 四、税收支持海南乡村振兴战略的有效实施

#### （一）海南乡村经济发展状况和问题

2017年海南全年全省农林牧渔业完成增加值1012.46亿元，相当于全国第一产业增加值65468亿元的1.55%。海南资源优势没有充分发挥，海南作为热带农作物基地的潜力挖掘还远远不够，目前仍面临农业技术进步较慢、劳动生产率低下、初级农产品占比较大、农产品出口能力较弱、农产品商品化程度不高等问题，这大大制约了海南农业现代化进程。

乡村振兴战略是党的十九大报告正式提出的全新概念。海南省第七届委员会第五次全体会议强调，打赢脱贫攻坚战、推动乡村振兴、解决好海南的"三农"问题是建设自由贸易试验区和中国特色自由贸易港的重要前提和底线目标，也是加快建设美好新海南、全面建成小康社会的必然要求和关键举措。全会审议通过《海南省乡村振兴战略规划（2018—2022）》，提出了海南乡村振兴战略的指导思想和目标，专题部署乡村振兴重点工作，充分体现了新形势下海南乡村振兴的极端重要性。海南乡村振兴战略规划的有效实施，离不开政府的顶层设计和宏观引导，关键在于税收政策的大力支持。政府可通过优化税收制度，加大对农业减税力度，有针对性地激励农业经济发展，引导社会资源向振兴乡村的产业靠拢，从而充分发挥提振乡村经济的重要作用，带动农村经济的繁荣。

#### （二）基本思路

1. 规范增值税优惠，促进乡村振兴

第一，对农产品深加工、农产品的保鲜、储存、批发、零售等流通环节上的增值税实行"一免到底"的优惠政策。同时，要考虑到粮食生产的战略地位，加大对粮食等产品主要生产区域

的税收优惠力度，保证粮食的充分供应。第二，建立税收补偿机制，保障农民收入得以提高。在乡村振兴的发展初期，许多乡村振兴试点项目，处于自产销售阶段，在免征增值税的基础上，可以获得国家给予的一定比例的税收补偿，这个比例可以定为11%（购进农产品的进项税扣除率），也可由政府根据最低收入保障标准进行制定，由此保证农民收入水平和生产的积极性。

2. 完善消费税等制度，建设美丽乡村

完善税收政策相关激励和约束制度可以拓展乡村生态功能，保护乡村自然资源和环境。建议对农村地区中存在的与农民经济消费能力不尽匹配的高档消费活动，如高尔夫球、五星级酒店、高级餐厅和夜总会等征收消费税。对于严重破坏森林、湖泊、山川等自然资源的企业，从重处罚，征收较高环境保护税，促进美丽乡村建设，助力乡村振兴战略有效实施。

3. 健全所得税制度，振兴乡村经济

第一，应鼓励农业企业加大科技研发，进行技术升级，将其在技术改造上产生的费用，允许比现行税法更高比例抵免企业所得税。

第二，对于农村地区的企业，建议进一步缩短相关生产设备的折旧年限，降低资金成本，也符合乡村振兴战略前期建设的实际需求。另外，对于农村地区的一些企业，在自有资本积累基础上，允许用税后利润进行再投资部分实行退税，以此鼓励对乡村振兴的发展。

第三，企业加工农产品享有一定减免政策，可以考虑对加工农产品的国企或国企控股的企业由免税变换为低税率的征收，并将所征税款专项投入各地农村基础建设、职业农民培训、农业科技研究等乡村振兴战略中，促进区域和产业链的升级。

4. 运用税收杠杆，发展农业科技

第一，当前我国农业的生产方式较为粗放，需要提高机器自动化生产比重。建议在农业产业化的各个环节给予增值税和所得税减免，以此促进农业产业化的进一步壮大。对于农村合作组织，取得的培训收入应给予减免政策；对于促进农村科技、文化、教育、卫生等事业发展的产业也应考虑减免政策。另外，要促进三次产业的融合发展，应加大乡村振兴战略中大多数农业以及少量工业的税收优惠，增加农村第三产业饮食、文化娱乐、旅游业等减免税政策，让农村第三产业借助乡村振兴战略的政策优势进一步发展起来。

第二，税收优惠政策还应致力于发展农业科技化。建议对于从事先进农业技术的开发研究费用采取双重优惠，不仅可以扣除费用，还可以用来抵扣企业的所得税，从而鼓励农业企业投入更多的资金去发展高新技术，促进农业科技化发展，助力乡村振兴。

5. 统一城乡税制，缩小城乡差距

长久以来存在的城乡二元结构经济体慢慢导致城乡税制不对等。建议参照对城市失业人员再就业享受政策优惠的做法，规定对农业企业在吸纳失地无业农民达到一定比例时，也可减免所得税。让农村农民和城市人员享受等同的优惠待遇，进一步统一城乡税制，促进乡村振兴。

## 第四节 鼓励企业融入世界经济的税制安排[①]

支持企业融入世界经济有利于获取丰富的自然资源、促进企业自主创新和技术进步、扩大出口需求、调整与优化产业结构、

---

① 张云华．支持中国企业"走出去"的税收政策研究．[博士学位论文]．2012．

促进国内就业等。然而,目前我国在支持企业"走出去",融入世界经济的税制安排上仍然存在不少问题:没有形成完整的支持体系;优惠政策导向性不强;企业所得税制度中关于境内外经营性盈亏抵补的规定、"分国不分项"的抵免制度、税收饶让抵免制度等不利于鼓励企业"走出去";进出口税收制度中出口退税不够彻底,关税对企业"走出去"的税收优惠支持力度不够;个人所得税的优惠力度不够,抵免操作困难、抵免不彻底,存在重复征税问题。此外,国际税收协定问题以及税收管理与服务等都存在许多有待完善的地方。因此,为加快我国对外开放步伐,必须建立较为完善的支持企业"走出去"的税收政策体系。然而,税法是牵一发而动全身的一项制度,如果改革有所偏差,将会给国家和纳税人带来不良影响。因此,建议借海南建设自由贸易试验区(港)之契机,可以在海南率先试点实施支持企业"走出去"融入世界经济的税收制度安排。具体设想如下:

## 一、实施免税法助力海南总部经济的建设

我国现行税法规定对于企业境外所得采取"分国不分项限额抵免法",要求企业先将境外不同性质所得合并一起按不同国家计算抵免限额,然后再汇总纳税。该法理论上兼顾了"走出去"企业的经济利益与投资国的税收利益,但手续繁琐,实际操作比较困难。尤其对那些境外投资国家分布较广的"走出去"企业,需要按国别一一计算其抵免限额,会增加企业工作量,加大其纳税遵从成本。而且,该法使某些企业在不同税率国家投资时,由于各国的抵免限额不能相互调剂使用,容易增加企业全球税负,从而违背企业资本输出中性原则,造成投资行为的扭曲。

越来越多的国家青睐于免税法,一方面反映了税收抵免法过于复杂所引致的操作成本较大的弊端,另一方面也反映了更多的

"走出去"企业需要被支持的政策取向，同时也印证了免税法在避免重复征税方面的操作简单，税务行政效率较高的优点。例如，澳大利亚从 2008 年 7 月 1 日开始放弃税收抵免法，对本国公司在境外分公司取得的积极投资所得和从事经营活动的分公司取得的资本利得实行免税，同时对本国公司从参股比例达到 10% 或以上的外国公司取得的股息、红利所得也给予免税。日本规定从 2009 年 4 月 1 日开始，如果一个日本公司对外国子公司持有 25% 或者更多的流通股或者股票权，并连续持有至少 6 个月以上，对企业来自外国的股息的 95% 不计入应税所得。

这一改革趋势应当引起我国的关注，特别是在"走出去"成为我国国家战略的这个大背景下，免税法应当是鼓励企业"走出去"的一个备选政策。当然，免税法是对境外所得征税权的完全放弃，将对我国的税收收入产生重大的影响，要一国具有较高水平的经济基础做后盾，很多企业也会利用免税法偷逃或规避税收，造成我国的国际税收漏洞。因此，我国可以在海南自由贸易试验区（港）率先试点免税法，旨在与国内其他地区形成税收差异，吸引更多的企业到海南，从而带动海南自由贸易试验区（港）的繁荣发展。

## 二、激励海南企业"走出去"的税收优惠措施

### （一）基本原则

应遵循一定的导向性原则制定有区别的激励企业"走出去"的税收优惠政策。从产业的角度考虑，应重视对高新技术产业、资源性产业、文化产业、先进制造业、国内相对过剩的成熟产业、金融、交通、通信等服务行业、基础设施海外建设等"走出去"企业给予优惠政策支持。从区域的角度考虑，应改变现在过多集中于亚洲，尤其是集中于避税港投资的区域格局。在继

续扶持向发展中国家"走出去"的同时，鼓励企业加大对欧美等发达国家的投资，尤其是鼓励在发达国家从事研究与开发技术型的投资经营活动。从投资方式的角度考虑，应重点鼓励合营或者联营的方式"走出去"，以降低企业跨国经营的税务风险，因为合营或者联营比独资的方式更有优势融入东道国当地参与竞争。从投资类别的角度考虑，现阶段应着力鼓励纵向"走出去"，主要是因为纵向"走出去"比横向"走出去"更有利于创造出口需求。从投资主体的角度考虑，应鼓励投资主体结构向中小企业或私营企业转变。中小企业或私营企业在"走出去"资金比较薄弱，面临的风险更大，更需要政府给予扶持。

**（二）企业所得税优惠政策**

1. 允许经营性亏损的境内外弥补或延长结转年限

在理论上，风险与收益的关系可以用"预期收益率＝无风险利率＋风险补偿"来表示。如果政府只对企业的风险收益征税，而没有对风险损失扣除的规定，这种税制无疑抑制了企业从事风险投资的积极性。相反，如果政府愿意为企业承担风险，规定了许多风险损失扣除等，政府实际上成为企业承担风险的"隐匿合伙人"（silent partner），企业就会积极进行这种风险投资[①]。在实践中，各国普遍采用了损失补偿制度以鼓励公司投资于风险资产。对于本国企业，境内境外经营亏损或资本亏损所采取的方式主要有退税补偿、结转补偿、混合补偿等方式。而现行税法对我国企业"走出去"发生的经营性亏损境内外不准弥补和结转的做法，是因为征管能力所限，但同时也表明政府分享的只是企业的利润而不去承担企业投资损失，这对于企业而言是不

---

① Domar, E. D. , R. A. Musgrave. Proportional Income Taxation and Risk – Taking. Quarterly Journal of Economics, 1944 (58): 388 – 422.

公平的。这种税制促使企业更倾向于投资"安全"资产，而不是风险性投资。因此，我国应借鉴国际经验，对"走出去"企业发生亏损进行合理处理，有两种方案可供选择：

其一，允许境内外盈亏互补。应有效区分是积极投资还是消极投资，对消极投资所产生的经营性亏损，维持现有的做法，对积极投资所产生的经营性亏损处理采取三步骤：首先，用该企业所在国的同属一总公司的其他企业的同类所得或者其他所得进行弥补；其次，用该企业境外同属一总公司的其他企业的同类所得或者其他所得进行弥补；最后，对尚不能弥补完的亏损可以由境内利润弥补。

其二，适当延长境外结转年限。即鉴于我国征管现状，不能有效实施境内外弥补制度的情况下，可以进行上述三步骤的第二步之后，规定对未弥补完的亏损可以结转至以后年度继续弥补，可适当延长结转年限。

2. 建立加速折旧制度

现行企业所得税法规定，固定资产只有在面临技术进步时才能缩短折旧年限或者采取加速折旧。这对于"走出去"企业，尤其是资源寻求型的"走出去"企业可能产生不利的影响。例如，我国石油、矿产类企业在对外投资时经常面临以下两种情况：一方面对外投资的主要是大型设备，这些设备投资金额较高，回收期长；另一方面该行业的特点造成这些大型设备的损耗比一般生产企业的设备要大，而且由于固定资产的存续时间较长，不能像存货那样采取不同的计价方法来规避通货膨胀造成的较大损耗和风险，如果不能采取加速折旧，会增加企业"走出去"的成本，影响企业持续"走出去"的能力。因此，应有选择地对"走出去"企业固定资产比重较高且损耗较快的企业给予加速折旧优惠。在具体的方法上可以采取双倍余额递减法，也可以借鉴许多国家实行的投资减免（investment allowance）法，即规定在一定期限全部折旧完，或者规定第一年实行较高的折旧比率，以后按直线法在一定期限内平均计提折旧。

3. 建立海外投资风险准备金制度

海外投资损失准备金是指满足一定条件的"走出去"企业，可以将一定比例的对外投资或者每年按一定比例的应税收入计提海外投资损失准备金，给予免税待遇。当企业发生损失时，用该准备金弥补；如未发生损失时，在该准备金积存一定年限后可逐年计入当期的应税所得进行纳税。企业"走出去"从事海外经营，由于受东道国政治、经济、文化背景的影响，必然比在国内面临更多的风险。例如，在东道国建设基础设施和公共设施项目时，前期需要进行大量的投入，并且周期较长，投资风险可想而知。

目前，较多发达国家如法国、日本、韩国等，采取了海外投资损失准备金制度或类似政策鼓励企业"走出去"，日本采取海外探矿备用金制度，即将海外与矿产销售收入的50%开采所得作为公积金使用，无须纳税。我国现行税法至今尚未建立海外投资损失准备金制度，因而不利于"走出去"企业防范海外投资风险。

因此，结合风险投资一般理论，借鉴国外许多国家的成功经验，建立海外投资损失准备金制度理应成为对我国"走出去"企业税收优惠及支持政策的有益补充，这样有利于降低企业的海外投资风险，进而提高其境外投资的能力和积极性，增强"走出去"企业抵御海外投资风险的能力。

4. 建立延迟纳税制度

延迟纳税是指对于居民企业国外经营的应分配但未分配，或应汇回但未汇回的利润在居住国不课税，允许其在汇回国内时再对之征税。延迟纳税制度有利于促进东道国税收激励政策的实施，能够刺激跨国公司投资于低税国家或地区，对国外投资公司的海外再投资也是一种激励，因为对居民公司海外投资利润一直累积到汇回国内再对之征税，公司将获得资金时间价值，在此期间的利润可以在东道国继续投资经营获利。而且实行延迟纳税制度能确保"走出去"企业与外国，尤其是那些实施"参与免税"的欧洲国家的跨国公司，以及低税国当地企业展开公平竞争，从而使企业处于竞争优势，有利于鼓励企业"走出去"。很多发达国家，如美国和日本都建立了延迟纳税制度。建议率先对海南自由贸易试验区（港）"走出去"企业采取延迟纳税制度，以帮助"走出去"企业解决资金欠缺和周转问题，提高企业"走出去"的积极性。

当然，对企业"走出去"采取延迟纳税制度会增加企业避税的机会，对此，世界各国的普遍做法是制定CFC规则进行反避税。具体可以借鉴美国比较折中的做法，对于那些极易被利用作为避税工具的受控外国公司（CFC）的所得实行自然累积征税制度，不实行延迟纳税制度，而对于CFC规则以外的外国公司获得的所得给予税收延迟纳税制度。

（三）完善进出口税收制度

1. 完善出口退税制度

完善出口退税制度，重点对跨国企业出口的设备、商品（除了限制性商品外）和服务，实行零税率政策，以促进"走出去"企业带动海南产品和服务的出口，从而扩大内需。当前急需解决的问题主要有以下几点：

（1）进一步明确某些方式"走出去"的退税问题。现阶段，我国"走出去"企业中通过融资租赁方式进行投资变得越来越普遍，且这种方式比较适合资金较薄弱的企业，基于支持企业

"走出去"的角度考虑，应在税法上对融资租赁等方式的退税制度和具体规程进行明确，进一步加大其退税力度。此外，对以国际补偿贸易形式对外投资的企业所涉及的机器设备出口退税制度和具体规程也加以明确。

（2）提高大型成套设备零部件的退税率。提高大型成套设备零部件的出口退税率，以鼓励我国境外大型承包工程项目的发展。目前我国大型成套设备零部件的出口退税率较低，低于其他的整机出口退税率，不利于我国成套设备部件的出口，也不利于整机的出口，进而影响我国对外承包工程的税收成本，建议将大型成套设备零部件的出口退税率和整机的出口退税率调整一致。

（3）完善服务业出口退税政策。"营改增"后，解决服务业出口退税问题被提上日程，今后应将更多的服务业纳入享受出口退税政策范畴，以促进我国服务业的对外发展。

2. 完善关税制度

国家应分别对鼓励性行业和限制性行业的产品适用不同的关税税率，与限制性行业相比，对于鼓励性行业的产品应采取低税率或者免税，以优化我国的产业结构；对于纵向对外直接投资或者对外承包工程所涉及的产品、设备的出口，采取低税率或者免税，以鼓励企业"走出去"积极创汇；对于资源寻求型"走出去"企业的资源产品免征进口关税；对于与开展技术改造和研究开发相关的先进技术设备的进口，给予适当的进口关税减免待遇，以鼓励企业"走出去"寻求技术等战略资源。

**（四）完善个人所得税制度**

1. 尽快出台个性化的费用扣除办法

由于各个家庭的具体情况不同，经济负担不同，如果"起征点"一刀切的话，很难做到因"户"制宜。因此，应尽快出台个性化的费用扣除办法，如对家中有失业人员、重病人员或多胞胎子女的职工进行附加费用扣除，以达到经济负担重的职工多扣除、经济负担轻的少扣除目的，这样既可以在个人所得税制度中体现人文关怀因素，也可以减轻一部分中低收入者的税负。在对"走出去"企业的外派人员的附加减除标准方面，应适当提高抵扣标准，并按照各国的消费水平和物价水平，采取有差异的附加减除标准。此外，为吸引更多的人才进驻海南，应出台针对不同层次人才的个人所得税宽免政策。

2. 简化抵免操作程序

在个人所得税抵免操作程序方面，由于境外各个国家情况复杂且执法差异性较大，特别是某些欠发达国家更是无法提供满足国内要求的抵扣凭证，所以建议简化个人所得税的抵免条件，即在纳税人无法获取境外税务机关填发的完税凭证原件时，只要纳税人能够提供规范且有权威的完税凭证即可在国内获得抵免。

### 三、加强反避税管理的措施

海南自由贸易试验区（港）建设过程中，一旦税收政策的"洼地效应"显现，必然会引发国际避税问题，从而造成国际税收竞争和税收流失。因此，加强国际反避税管理尤为重要。从企业"走出去"的角度来看，加强反避税管理的目标是优化我国企业"走出去"结构，为"走出去"企业创造公平竞争环境，维护国家税收权益。在加强反避税、打击国际避税行为的同时，应坚持鼓励积极经营的企业"走出去"的原则。

#### （一）规范并放松 CFC 规则

现阶段我国的 CFC 规则相对比较完善。例如，判定 CFC 的"控制"标准基本和美国税法一致；规定了非常明确的"低税国"条件等。但是和一些发达国家的做法相比较，我国 CFC 规则还有许多地方需要进一步改进。

### 1. 扩大"白名单"范围

按照国际惯例，列入"白名单"范围的国家或地区一般税负较低。但从目前我国的 12 个"白名单"国家来看，德国（15%）和加拿大（18%）的法定税率并不低，这意味着能够列入"白名单"的也不仅仅是从税负的角度进行考虑，还应对该国税制的完整性、规范性进行考量。

因而，在兼顾操作便利和支持企业"走出去"双重目标的情况下，建议在海南首先进一步扩大"白名单"的范围，将一些法定税率较高、税制比较完善、执行比较规范、我国企业"走出去"选择较多的国家或地区列入"白名单"范围，允许其不受 CFC 规则的限制。例如，奥地利（25%）、比利时（33%）、丹麦（25%）、芬兰（26%）、韩国（22%）、墨西哥（30%）、巴基斯坦（35%）、葡萄牙（25%）、西班牙（30%）、瑞典（26.3%）、泰国（30%）等国家可以考虑列入。其次，可以借鉴日本等国家"黑名单"的做法，规定设置在这些"黑名单"的国家或地区的企业，只要总部居民公司对其"控制"条件达到，就应受 CFC 规则限制。此外，应根据"走出去"企业的动态和东道国的税制状况及时调整和修改"白名单"和"黑名单"，并定期公布。

### 2. 允许 CFC 规则例外

为了增强本国"走出去"企业的国际竞争力，很多国家在制定 CFC 规则的同时也有不少例外。允许海南进一步规范 CFC 规则的基础上，也应从鼓励企业争夺海外市场的角度允许 CFC 规则存在例外。原则上符合以下两点要求就可以不受 CFC 规则的限制：一是 CFC 从事经营活动的初衷不是减少我国税收；二是从我国转移利润不是 CFC 存在的潜在原因。具体而言，一是按照我国规定属于积极所得（可借鉴澳大利亚的做法，规定在审核的 CFC 所得中，消极所得不得超过整个营业额的5%）允许 CFC 规则例外；二是借鉴瑞典的做法，规定设在与我国签订有税收协定的国家的 CFC 可以例外。三是关于举证问题，可以借鉴法国的做法，规定 CFC 的实际工商业营业额（仅限于产品的生产和加工）至少达到其全球工农业总额 50% 的，才允许 CFC 规则例外。

### （二）加强转让定价管理

#### 1. 进一步明细转让定价法规

建议进一步明确关联企业关系的认定方法，即规定间接持有股份的比例允许由各层持股比例相乘得出。此外，关于避税港的规定，应参照国际的做法，列出比较明确的"黑名单"，并结合海南"走出去"企业的实际情况进行制定。

#### 2. 调整方法应在灵活的基础上增强操作性

实际上很多国家在对关联企业转让定价进行调整的时候，一般都严格按照一定的顺序进行，如马来西亚、日本、意大利和西班牙等国家。但即便是强调灵活使用调整方法的国家，也强调在一定的原则下进行，如强调最佳方法规则（美国）、实质重于形式的原则（澳大利亚）、反映经济交易现实的原则（印度）等。现阶段我国不应只笼统地规定"合理"的办法，而应增强其操作性，建议借鉴澳大利亚的做法，将调整方法分成传统交易法和交易利润法，基于实质重于形式的原则择优选择。对于一些无形资产或者劳务收费的调整，许多国家一般采用成本加成法，并且明确规定了加成的比例。例如日本规定，按劳务成本加一成作为收费标准；新加坡的加成比例为 5%。我国对无形资产和劳务的价格调整，虽然也规定采用成本加成法进行，但没有明确规定调整比例，操作性差，容易与纳税人发生税务争议。建议不应简单地坚持"公平交易原则"，而应制定可操作性的标准和程序，可规定加成的比例为 10%。

3. 加强与企业预约定价协议的谈签

加强与企业预约定价协议的谈签，一是从企业的角度可以有效地避免企业正常内部交易价格遭受税务机关调整而多缴税收的风险；二是从税务机关的角度则提高了管理的效率并准确地实现了税务管理目标。然而，实践中真正能与税务机关进行预约定价安排的企业是有限的，原因在于其所规定的申请程序较为复杂，要求信息披露比较严格，纳税人为此支付的成本甚至高于被税务机关调整纳税的成本，因此与税务机关谈签预约定价协议的积极性不高。建议我国从纳税人的切身利益出发，简化预约定价协议签订的程序和申请内容。此外，可以借鉴新加坡的做法，制定转让定价指引，规定转让定价的磋商程序，这也是有效的反避税管理办法。

4. 在转让定价法规上增加罚则力度

世界很多国家对于人为操纵转让定价进行避税采取力度较大的处罚。例如，美国规定应就补缴税款的 20% 或 40% 缴纳罚款；印度规定应就补缴税款的 1—3 倍缴纳罚金；芬兰除了按照应调增所得征收 30% 的罚金之外，还按年利率 9.5% 加收滞纳金。海南试点中可借鉴这些国家的做法，在转让定价法规上增加罚则，以增强对企业避税行为的管理力度。

**四、完善国际税收管理和服务制度的建议**

**（一）扩大信息服务的范围和增强宣传力度**

1. 拓宽信息来源渠道，建立强大的税收信息库

在中国投资比较集中、业务量大且税制比较复杂的国家或地区派驻税务专员，专门收集和整理分析当地的税收资料和信息。加强我国与相关国家或地区的税务机关和中介机构的合作，拓宽

涉税信息服务资源，定期收集东道国的税收制度、征管制度、执法和服务情况等动态信息，建立强大的税收信息库，以满足"走出去"企业及时、准确、全面地掌握相关国家税收信息的需求。

2. 建立企业"走出去"涉税政策一般宣传机制

针对企业"走出去"对被投资国税收法律及税收协定了解不够等实际情况，税务机关应主动对境外投资基本知识进行宣传和讲解，建立企业"走出去"涉税政策一般宣传机制。

3. 建立"走出去"企业财税政策个性化信息培训和辅导机制

针对特定业务经营、规模较大、影响范围较广的"走出去"企业，按照不同的投资地点、投资产业和投资发展阶段等进行科学的分类，并提供专门的培训和辅导，帮助企业正确评估税务风险和税收收益，以便做出正确的经营决策。

4. 建立"走出去"企业的涉税处理案例库

将"走出去"企业经常遇到的税务风险信息进行归类整理，以案例的方式总结经验教训，有效增强企业防范税务风险的意识和处理境外税收问题的能力，避免税收利益的损失。

**（二）提高办税管理和服务效率**

为了能够为"走出去"企业建立规范且高效的流程化服务，国家应建立专门的国际税收管理机构，培养一批高素质的专业化服务团队，将境外投资企业的税收事项全部纳入国际税收部门进行统一管理，重点加强基础信息管理、境外纳税申报管理、凭证管理。

**（三）增强维权服务的实操性**

1. 加强与境外税务机构的情报交换

对境外所得实施有效征管，关键在于获取企业境外经营的相关信息。但是企业境外经营形式多样，情况复杂，税务机关很难全面掌握其境外投资经营的信息资料，无法建立有效的税收征管基础。因此，加强与境外税务机关之间的情报交换对于有效征管很有必要。

2. 规范对"走出去"企业的税收专业援助

为了能够给"走出去"企业提供制度化和规范化的税收专业援助国家，国家应制定比较规范的制度和设置运作有效的机构。具体可以在省地市税务机关设置专职岗位，给各地"走出去"企业专门提供咨询服务，并建立畅通的自下而上的信息和受理援助申请的传递和反馈机制，为"走出去"企业提供及时、专业的税收援助，使"走出去"企业的诉求及时得到妥善解决。

3. 积极启动相互协商程序

为了维护我国居民在境外从事生产经营活动的税收权益，海南应根据《中国居民（国民）申请启动税务相互协商程序暂行办法》及《税收协定相互协商程序实施办法》，帮助企业解决在缔约国对方遇到的税务问题以及如何正确适用税收协定，避免双重征税，解决国际税收争议。

## 第五节 "互联网＋"和大数据时代税收征管的制度创新[①]

自 2015 年国家税务总局提出《"互联网＋税务"行动计划》以来，互联网技术在税收领域得到更加广泛深入的应用。特别是

---

① 张云华，商永亮．大数据时代税收管理的机遇与挑战．税务研究，2018(9)．

随着"营改增"的全面推开以及商事登记制度的深化改革，纳税人数量呈井喷式增长，产生了越来越多的涉税数据，税收大数据时代已经来临。海量的涉税数据对当前税收管理思维、技术手段、法律体系等均产生较大的影响，既带来机遇也面临挑战。建立国家税收大数据库，统筹规划税收数据资源，推动数据共享开放，强化大数据分析应用，将是我国税收管理的发展方向和核心内容，也是"互联网＋税务"的必然选择。

支持海南自由贸易试验区（港）建设，离不开税收征管效率的提高。在"互联网＋"和大数据时代背景下，海南更应抓住机遇，采取适应大数据时代要求的税收管理办法，必须以创新"互联网＋财税"治理模式为突破口，建立一套适应互联网经济发展要求的公平、透明的国家财税治理模式。唯有如此才能实现涉税数据的价值红利，有利于防范税收风险，提升税收管理效率，促进税收管理从"以票控税"向"信息管税"转变，有效推动国家税收治理的现代化发展进程。

## 一、"互联网＋"和大数据时代对现代税收征管的挑战

目前我国所实行的税收管理制度体系中存在一些问题，以至于在体制、制度、规范、流程、技术等层面上难以与"互联网＋"的发展相匹配，导致互联网与税务治理的融合发展受到一定的挑战。

### （一）征管有漏洞，存在税收流失问题

互联网具有全球性和"超领土化"的特征，"互联网＋"带来的新兴产业形态，给经济市场上带来各种新的交易手段，多种多样的产品供给方式。税收征管法规制度的完善滞后于"互联网＋"的发展，税务机关缺乏有效的监管手段，就会出现税收监管的真空和缺位，使得一些从事互联网贸易的企业可以通过各

种方式将自己的纳税义务最小化，使大量税款流失。最为常见的方式就是 B2B（Business To Business），即企业之间不必通过中介机构，而是通过互联网直接进行产品、服务及信息的交换。这样，依照现行的征管制度，无法对之采取传统的代扣代缴税款制度，将使互联网贸易成为"逃税天堂"，形成巨大的税收征管漏洞。此外，我国税收管辖权的确定是建立在传统贸易的基础之上，随着互联网贸易的兴起和发展，受到巨大挑战。传统税收管辖权以各国地理界线为基准，划分为居民管辖权和来源地管辖权，而互联网贸易则消除了国家间的界线。

一方面，网络经济的发展将弱化来源地税收管辖权，使地域界线变得模糊，难以准确判断交易发生的场所、劳务及商品的提供和使用地。外国企业利用国际互联网在一国开展贸易活动时，常常只需装有事先核准软件的智能服务器便可买卖数字化产品。服务器上发生的营业行为很难被分类和统计，商品被谁买卖也很难认定。提供远程服务的劳务突破了地域界线，目前技术上很难跟踪判定服务的所在地和产品的使用地，难以依照传统的来源地规则将某项所得的来源确定为某个特定地理位置，造成各国以传统收入来源规则确定"收入来源地"时争议不断，导致实际的收入来源国面对来源于该国境内的所得竟无从征税。另一方面，居民税收管辖权也受到了严重的冲击。现行税制一般都以有无"住所"是否"管理中心"或"控制中心"作为纳税人居民身份的判定标准。然而，互联网贸易超越了时空的限制，造成了纳税主体的多元化、模糊化和边缘化。随着互联网贸易的出现，国际贸易的一体化以及各种先进技术手段的广泛运用，企业的管理控制中心可能存在于任何国家。税务机关将难以根据属地原则对企业征收所得税，居民税收管辖权也将形同虚设。

## （二）征管尚不公平，纳税人苦乐不均

税收公平是政府征税、收入再分配的基本原则与目标。互联网贸易在我国还是新兴产业，在世界上引起人们的重视也不过十多年的事情，我国对互联网贸易的研究还只是处于理论探索阶段，国内关于互联网贸易的法律、法规还没有出台。随着互联网贸易的快速发展，2014年全年我国电子商务交易额达到约13万亿元，2015年我国电子商务交易额突破20万亿元，2016年我国电子商务交易规模达22.97万亿元，据中商产业研究院发布的《2018—2023年中国电子商务行业市场前景及投资机会研究报告》数据显示，预计2017年中国电子商务整体交易规模将达24.1万亿元，增长17.4%，随着电商商务行业的逐步完善，预计2018年中国电子商务交易规模将达到28.4万亿元，同比增长为17.8%。这其中就有大量的C2C交易，C2C不交税必然引发社会经济领域的不公平问题。另外，自然人在网上交易不需要交纳房租、不需要办理营业执照和税务登记，其成本比传统交易方式要低得多，这也助长了不公平竞争的风气。税收征管中出现的一些区别对待、惩罚力度不一的现象也在一定程度上破坏了公平性原则，影响了社会经济秩序。

## （三）征管难度大，企业遵从成本大

### 1. 对税务登记制度形成挑战

网络空间的自由性，使现行的税务登记制度无法发挥其作用。我国现行的税务登记制度是以工商登记为基础的，纳税人在营业前必须要到工商部门进行登记，以便税务机关进行监管和核查，这也是税收征管的前提所在。可是，互联网是一个来去自由的空间，企业只要交纳了注册费，就可以在网上从事有形商品的交易，也可以转让无形资产、提供各种劳务，从而使得税务机关很难像以前那样借助税务登记制度对纳税人的经营活动进行

监管。

2. 电子课税凭证难以监管

互联网贸易主要采取的是会计软件记账、核算收入，它没有传统的纸质账本，并且传统的购销合同将可能是以网上订单、电子邮件等电子凭证形式出现，而电子凭证因为其可以轻易修改变得缺乏可信度，并且有些账簿和凭证可能被加密，税务机关难以找到和实施稽查，这种情况使得税务机关难以对账簿、凭证实施有效的税收监管。

3. 难以监控企业是否逃避税收

互联网贸易促进了跨国公司内部功能一体化，电子邮件、IP电话、宽带网络等技术将企业各部门和各层级之间紧密联系在一起，架起了实时沟通的桥梁，这不但使跨国公司转让定价意图更容易实现，而且也很容易在避税地建立基地公司。

4. 税收征管人员素质有待提高

"互联网＋财税"治理的健康发展不仅需要有大批高精尖专业信息技术人员，也要求税务人员在拥有良好的业务素质的同时掌握精深而实用的信息技术。就总体而言，目前多数税务人员的素质尚有较大差距，税务人员要尽快更新知识、掌握技术、提高技能，以适应"互联网＋财税"治理的发展需要。

## 二、"互联网＋"和大数据时代创新税收管理模式的机遇

### （一）将加快推进"智能税务"和"智慧税务"的发展

目前，"互联网＋税务"主要体现在"电子税务局"建设层面，税收业务基本通过网上办理。例如，苏州税务局实施"掌上税务"，纳税人办理各种涉税事宜，可以通过手机网络在线实时办理；深圳税务局推出"移动税务局"，利用互联网，提供公众服务、办税服务和税务知识等三大类服务；湖南税务局大力推

行"互联网+政务",推广普及自助办税终端,完善网上纳税人学堂,推出智能税务 App 等,最大程度为纳税人提供便利服务。然而,这只是"互联网+"背景下税收管理的初级阶段。下一步,随着大数据时代的来临,可依托互联网技术,对海量涉税数据进行分析和处理,挖掘数据的有用价值,找出数据之间的关联性,形成关系驱动下的动态可视化管理策略,加快我国税务向"智能税务""智慧税务"方向发展,既为税务内部管理提供服务,也为纳税人提高决策水平提供信息服务,更为国家实施宏观调控提供决策服务。

**(二) 有利于搭建数据仓库平台唤醒"沉睡"涉税数据**

数据仓库(Data Warehouse)是为支持决策而设立的数据集合,属于数据库应用的高级阶段。国外税收征管手段先进和信息化较强的大多数国家税务机构很早就将纳税人税务登记、纳税申报表、缴款记录等信息存放于数据仓库中,以备分析之需。例如,意大利就建有数据处理中心,拥有较为完善的税收信息管理系统(Italy Tax Information System,ITIS),将各种海量涉税资料集中存放,为地区、部门和系统之间的信息决策提供了强大支持[1];美国 1960 年就开始了税收信息化建设,国内收入局成立研究分析和统计司(Research Analysis and Statistics Division,RAS),负责联邦税务系统数据的收集、研究、分析和统计,为决策提供参考建议。[2] 我国的税收信息化起步较晚,长期以来,国家税收管理工作更多依赖"人盯户、票管税",涉税数据始终未能成为国家治税的主要资源被利用。虽然我国经历了十几年的

---

[1] 刘军辉,吴春高. 法国、意大利税收征管与税务稽查经验对我国的启示. 涉外税务,2010(8).

[2] 李万甫,黄立新. 构建"互联网+税收大数据应用"机制的思考. 税务研究,2016(7).

税制改革，尤其是针对增值税进行的"金税工程"建设为税务部门积累了大量涉税数据，但是，由于税收征管体制的不完善，数据采集标准不规范，数据采集和应用技术较为落后，迄今为止，大量涉税信息仍游离于税务机关掌控之外，数据之间口径不统一、各省数据独立存储、大量涉税数据仍旧处于碎片式分布和"沉睡"状态等问题比较突出。因此，随着大数据时代的来临，税务机关可搭建数据仓库平台，运用先进的技术手段，唤醒"沉睡"涉税数据，将"静态数据"变为"动态信息"，可为涉税数据的进一步分析提供支撑。

（三）将加速构建分析平台科学制定风险管理策略

税收风险管理的核心工作是通过提供纳税服务和加强税收执法来进行，两者都迫切需要数据支撑，离不开对涉税信息的完整把握。然而，我国自分税制以来形成的各自为政的征管系统阻碍了涉税信息的共享，税收征管系统内部以及各相关部门之间的数据分析平台尚未有效建成。目前，除了增值税专用发票形成数据共享以外，其他涉税数据均不能有效共享，产生诸多涉税数据孤岛，未能及时整合和深度开发利用，使用效率偏低，不利于税收风险的防范和管控。随着互联网的日益发展和大数据时代的来临，各组织和部门之间的边界将逐步弱化，外部数据的来源会愈加丰富，将有利于构建大数据分析平台，建立涉税数据共享交换机制，真正实现税务、海关、工商、银行、公安等部门乃至淘宝、京东等第三方涉税信息部门之间高效的数据交换和共享，以便更高质量地搜集和整理涉税数据，更直观地了解纳税人的生产经营情况和税负变化，更有效地对涉税信息进行分析与处理，从而有利于税务部门挖掘涉税信息价值，获取税收风险点，评估其风险等级，科学制定税收风险管理策略，更好地监控重点税源，有效杜绝偷逃税收行为，减少税收流失。

## 三、创新适应"互联网+"和大数据时代要求的税收管理制度

### （一）转变税收管理思维方式

"互联网+""大数据"是近几年才出现的新词，许多税务人员由于受长期业务模式的影响，仍停留在较为传统的线下服务管理思维中。在具体组织征税活动时，只简单地将计算机网络视为操作工具，进行一些单据的互传与申报；涉税数据来源渠道较为单一，一般只从纳税人的自行申报、税务机关的日常管理和重点稽查当中获得，很少主动向第三方索取涉税数据，所搜集的涉税数据呈碎片化状态；涉税数据采集方式比较落后，在相当长一段时间内主要采用存储介质到相关部门提取，无法满足大数据时代对税收管理效率的要求，大大降低了数据的质量。此外，长期以来对纳税人"重管理、轻服务""重义务、轻权利"的思维导向也与"互联网+"、大数据时代不相吻合，有待转变。

首先，要有互联网的管理思维。作为各级税务领导干部，应提高认识，从传统的小数据思维中解放出来，高度重视税收大数据在转变税收管理方式、提高税收现代化水平上的重要作用，学会用互联网思维来开展税收工作，提高管理决策的科学性；作为基层税务工作人员，并非仅限于税务工作线上化，也要运用互联网思维改造传统业务流程，依靠互联网及云计算、大数据等先进技术，转变传统操作理念及操作模式，努力提高政策执行的精准性。

其次，要有开放共享、团结协作的管理思维。在"互联网+"和大数据背景下，开放意味着打破原有的思维定式，意味着分享和资源的有效整合。税务机关获取涉税数据的渠道将不断拓宽，不再局限于纳税人的自行申报和税务机关的日常管理和重点稽

查,所有征纳双方之外的企业事业单位和其他法人团体都可以成为涉税数据的来源渠道。这需要税务部门与社会多部门进行协同合作、数据互换共享,实现真正意义的"以票管税"向"信息管税"的转变。

最后,要有对纳税人参与度高度重视的管理思维。在"互联网+"背景下,税务机关与纳税人应建立密切联系,并通过纳税人的反馈,不断推动创新与进步。应强调"放管服"管理模式改革,为纳税人提供优质服务,增强纳税人在纳税过程中的获得感,提高其纳税遵从度。

(二)升级涉税数据管理技术

首先,传统数据存储方式难以满足海量涉税数据的需要。金税三期工程上线后,税收征管数据在税务总局和省局两级数据处理中心集中处理,为大数据在税收领域的应用提供了可能,也象征着税收大数据时代的来临。传统关系型数据库系统逻辑非常复杂,一旦存储文件布置不合理,在面对海量、多样、访问量大、时效性强等涉税数据时,就暴露出诸多不足,如对爆炸式增长的存储文件难以有效管理,对海量数据文件读写处理存在磁盘性能瓶颈,集中式存储的架构扩展成本高等。不但如此,传统关系型数据库一般适用于储存结构性数据,而绝大多数涉税数据是非结构化数据,存在一定的时效性,在存储方式上对数据库有更高的要求。

其次,传统的数据库技术对海量涉税数据处理能力不足。传统的数据库技术,例如分区表技术和物化视图技术等,虽然存在数据查询效率较高、处理速度较快等优点,但这些技术在海量数据处理能力方面仍存在不足。具体表现在进行筛选处理时,传统数据库的单一磁盘读取制约了海量数据大量输入输出操作的效率,存在计算机资源整合瓶颈,无法提升查询性能,于是不可避免地要做大量的数据关联,这对数据库服务器的 I/O 系统、磁盘以及 CPU 单元均是较大的考验。

最后,大数据应用分析平台有待完善。在"互联网+"背景下,数据已然成为核心资源,如何深挖数据的价值,其核心手段是分析。传统的数据分析手段一般是利用人工筛选各类数据,将数据转换为各类分析、统计报表进行,分析流于表面,关联性不足,很大程度依赖于分析人员的个人经验及业务水平,决策结果主观性较大,缺乏科学性。尽管现阶段各地税务机构已经搭建了许多涉税数据综合分析平台,但仍局限于部分数据的纵向对比,并未深挖成因、追根溯源,分析模式单一,分析自动化程度不高,结果依然不够准确。

第一,实行 HDFS 分布式存储管理,提高涉税数据存储能力。Hadoop 分布式文件系统,简称 HDFS,是通过网络与并行技术,构建一个完整的虚拟存储设备,将数据文件以数据块大小进行分割整理,再通过哈希算法与数据流相结合的方式散列在存储区域的每个存储节点之中,对外提供统一数据访问接口的数据存储系统。HDFS 分布式存储避免了大吞吐量的读、写操作,更能满足大数据的存储需求。因此,面临税收大数据时代的到来,实行集中式向 HDFS 分布式存储方式的转变,可以更高效地对涉税数据进行存储和读取;对磁盘阵列的操作也不再局限于某一个热点区域,可有效减少税收数据文件移动时造成的输入、输出性能瓶颈;同时,HDFS 易于扩展,当 HDFS 进行水平伸缩扩展时,只需增加可以部署在廉价硬件上的 DataNode 节点,便可大大降低扩展成本。

第二,运用 MapReduce 分布式计算技术,提高涉税数据处理能力。MapReduce 是一种面向大规模数据处理的并行计算模型和方法,主要解决在大数据中如何提高数据处理性能和效率的问题。MapReduce 模型最基本的处理思想就是"分而治之，然后归约"，即把所有具有相同性质的数据归为一类，对分类后的数据进行切割成足够小，并发进行处理，最后再汇总所有结果。MapReduce 模型中 Map 函数的工作是对数据进行分类切割，Reduce 函数则是对分组后的数据进行汇总处理。MapReduce 是一种简单高效稳定的并行处理应用，同时 MapReduce 的冗余并行处理机制具有高度的可扩展性和可靠性，这让其在大数据处理方面将获得广泛应用。利用 MapReduce 模型，将涉税数据从金税三期数据仓库转移到 Hadoop 架构中进行分布式计算处理，可极大地提高数据处理的能力和效率。

第三，运用人工智能技术，有效提高涉税数据分析应用能力。人工智能（Artificia Intelligence，AI）是一种研究如何应用计算机的软硬件来模拟人类某些智能行为的基本理论、方法和技术，实质是通过训练海量数据和模拟人脑构建学习模型来挖掘数据更有用的特征，进而实现数据的准确分类或预测。人工智能技术模型主要应用于互联网背景下各种预测领域，有较高的预测精度和较强的实用性。以税收大数据为基础，以 Hadoop 分布式架构为体系，结合人工智能技术可以搭建一个涉税数据智能分析应用平台，实现数据组织、加工、计算、输出等过程的全自动化，促进税收管理从信息化到智能化的转变。首先，税收决策智能化。目前，税务管理人员一般要查阅各种统计分析报表和建立各种预测模型开展对大数据的分析，过程非常复杂。税收智能数据分析平台一旦建成，凭借电脑在大数据记忆、计算、分析等方面存在的巨大优势，替代人脑直接进行税收决策并非天方夜谭，税务管理人员只需描述自己的需求，系统就会自动分析得出决策依据和建议。其次，涉税办理自动化。税收智能数据分析平台会根据纳税人的收入、支出、消费、资产、信用等信息自动计算出纳税人的应纳税账单,并自动推送给纳税人,在纳税人确认后,缴税系统可自动实现税款征收。最后,税收服务规范化。由于税收智能系统会悄无声息地替纳税人处理绝大部分涉税事项,纳税人基本与税务局无直接联系,主观性因素减少,纳税服务更加规范。

**(三)完善税收相关法律制度**

现行税收管理办法是基于传统的产业、产品及交易模式制定,而"互联网+"给市场经济带来了各种新兴业态、新型交易手段及产品供给方式,这显然会带来税收相关管理办法的缺位,产生税收管理盲区。例如,电子发票和电子缴税法律制度的缺失使电子商务,尤其是跨境电商等业务长期游离于税收监管之外。在"互联网+"背景下,必然要求扩大信息和数据的共享范围,虽然我国现行《税收征管法》也明确要求政府部门应信息共享,但缺乏具体的实施办法进行有效落实,各部门对数据共享积极性不高,不仅影响税务机关数据采集质量,而且还会增加税务人员执法风险。

从国家层面进行顶层设计,完善相关法律制度,强化法治保障。第一,完善电子政务法律法规,对电子身份的认证方式、内容以及法律责任等内容进行明确,以满足互联网时代税收管理模式的需要。第二,完善政府信息公开及信息保护等法律法规,对纳税人的知情权、隐私权、知识产权等相关权益进一步明确,对税务机关的数据控制以及数据使用行为加强规范;增加网络密码管理、政府信息系统包等内容,进一步明确涉税数据安全管理标准、具体措施和相应的惩戒措施;有效落实信息共享制度,确立第三方信息报送义务,保障涉税数据的有效流动。第三,积极推动现行税收征管法修订,以适应"互联网+"背景下产生的新型经营主体、范围和交易模式的需要。如完善电子发票的法律制度，明确标准和具体的实施规则；完善电子缴税法律制度，加强第三方支付以及网络银行的系统管理。

### （四）打造涉税数据安保体系

互联网和大数据是双刃剑。利用互联网技术，挖掘大数据价值，对提高税收管理效率，防范税收风险具有重要意义，但存在网络安全隐患。因为，税务机关通过互联网技术搜集到的涉税数据，一般会涉及纳税人的商业秘密、个人隐私、会计账务、资金流水等，虽然目前对税务机关内外网进行了人工隔离，但计算机病毒和黑客无处不在，不能够保证绝对安全。一旦这些涉税数据遭受病毒、黑客的冲击，就会被泄露或删除，给纳税人造成不可估量的经济损失。而且，尚未构建完善的数据保护制度体系，网络密码管理和政府信息系统管理制度不健全，难以保障网络信息安全；在电子数据保密制度中，没有明确征纳双方的权益、义务和责任，作为数据提供方纳税人就不可避免地承担着黑客袭击和隐私泄露等风险。不仅如此，信息化基础建设的不完善，如信息中心设施建设不规范，消防、防雷、防震等设施不齐全，供电设备不稳定等都会成为数据安全隐患。

在实际税收管理工作中，应构建起一个税收大数据安全保障系统。采取数字签名技术、VPN等安全技术对纳税人的各类信息进行加密处理，提升信息安全程度。可委托专业机构帮助建设维护税务系统，建立完善的监控系统及时更新病毒木马库。在日常办公过程中要求税务人员应严格按照网络操作规范进行操作，隔离内外网，注重系统的定期维护与检查。在采购硬件上，应选用技术能力过硬、有良好声誉的厂商，从根源上减少安全隐患。加大财政资金投入，支持网络基础设施建设、网络安全软件的开发等。

### (五) 培养专业信息技术人才

在"互联网+"背景下，由于纳税人的经营业务不断拓展，经营方式不断创新，导致税源在部门、行业和地区之间相互渗透，涉税业务日益复杂，涉税数据逐渐增加。这都对税务人员的业务素质提出更高要求，不仅要熟悉税收、财务等业务知识，而且要掌握计算机网络技术。然而，由于年龄、专业和思维的限制，目前税务人员中，掌握相关财务和税务知识的人员不一定熟悉互联网技术，或对计算机业务操作不熟练，准确率不高；而能够掌握新网络技术的人员不一定了解涉税方面的信息技术，两者兼而有之的人才少之又少。而且，根据国家税务总局的披露，近年来税务人才流失现象较为严重。在这样的背景下，面对"互联网+"和大数据时代的来临，税务系统高精尖复合型人才的培养尤为迫切。

做好税收数据管理工作，离不开专业信息技术人才，税务机构应重视对专业信息技术人才的培养，逐步形成涉税大数据应用的技术团队。一是创新人才引进机制，通过公务员招录，吸引一批互联网技术人才充实到税收数据管理工作中来，为系统的开发、运营和维护提供技术支持。二是加强内部技术人员的培训。随着大数据、人工智能等技术在税收领域的广泛运用，税务人员作为信息管税的直接操盘手，必须加强现代信息技术学习，努力成为"懂财税知识、懂电脑使用、懂数据分析"的复合型税收人才。为此，应定期对相关税务人员开展培训，提升他们对于"互联网+税务"的认识，使之能够熟练操作数据软件，较好地掌握风险数据分析模型、分析方法。同时，可借助社会技术力量服务于税收数据管理工作，积极与第三方技术公司开展技术合作，促进税收数据管理水平的提高。

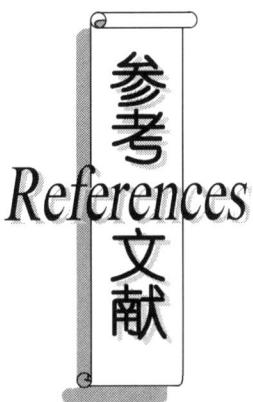

[1] 王怡. 上海自贸区确定七项税收优惠 [J]. 国际商务财会, 2013 (9).

[2] 刘涌. 上海自贸区税收政策的创新和未知 [N]. 21 世纪经济报道, 2013 - 10 - 18 (6).

[3] 陈少英, 吕铖钢. 中国（上海）自由贸易试验区税收法律制度的建设与创新 [J]. 上海商学院学报, 2013, 14 (6).

[4] 于舰. 自贸区税收政策重在促投资 [N]. 第一财经日报, 2013 - 9 - 30 (A03).

[5] 贺伟跃, 陈虎. 上海自贸区离岸金融业务税收政策初探 [J]. 税务研究, 2014 (9).

[6] 李伯侨, 张祎. 上海自贸区离岸银行税收政策风险的法律控制 [J]. 当代经济管理, 2014 (5).

[7] 孙红梅, 郭梦荫. 上海自贸区企业所得税减按15%征税的可行性研究 [J]. 海派经济学, 2014, 12 (2).

[8] 胡怡建.上海自贸区税收政策：创新·探索 [J].中国税务,2014 (3).

[9] 郭红书.上海自贸区税种与税率研究 [D].[硕士学位论文].大连海事大学,2014.

[10] 陈伟仕,王晓云.完善前海深港自贸区税收政策体系的探索 [J].税务研究,2014 (9).

[11] 王婷婷.中国自贸区税收优惠的法律限度与改革路径 [J].现代经济探讨,2014 (4).

[12] 广西国税局课题组.从税收政策差异看自贸区发展对广西的影响与启示 [J].经济研究参考,2015 (41).

[13] 贺伟跃,刘芳雄.促进上海自贸区离岸金融业务发展的税收优惠政策刍议 [J].税务研究,2015 (8).

[14] 于学深.关于天津自贸区税收政策的思考与探索 [J].天津经济,2015 (6).

[15] 黄颖川.广东自贸区进口税收优惠政策获批 [N].南方日报,2015-6-9 (A01).

[16] 沙颖萍,王谈斌,朱乃平.浅析上海自贸区财税体制存在的问题及改进 [J].财务会计,2015 (14).

[17] 宋薇萍.上海自贸区更多税收政策有望向全国推广 [N].上海证券报,2015-4-2 (F03).

[18] 吕铖钢.税收促进投资法律制度研究——以中国（上海）自由贸易试验区为视角 [D].[硕士学位论文].华东政法大学,2015.

[19] 厦门市地税局课题组.我国自贸区发展策略选择与税收政策构想 [J].福建论坛·人文社会科学版,2015 (1).

[20] 薛菁,郭晓红.我国自贸区发展中税收政策的影响评析与理性应对 [J].亚太经济,2015 (5).

[21] 赵仁平, 张春皓. 中国—东盟自贸区升级谈判中的税收协调 [J]. 国际税收, 2015 (11).

[22] 谭志伟. 自贸区税收优惠政策的定位与完善 [J]. 现代经济信息, 2015 (16).

[23] 杨朋朋. 福建自贸区税务管理探析 [J]. 齐齐哈尔大学学报 (哲学社会科学版), 2016 (8).

[24] 娄汇丰. 关于自贸区税收体制的思考 [J]. 经济研究导刊, 2016 (19).

[25] 薛菁, 郭晓红. 利用税收政策为自贸区发展服务的理性思考 [J]. 经济研究参考, 2016 (6).

[26] 李慈强. 论上海自贸区税收征管制度创新与立法完善 [J]. 税务与经济, 2016 (6).

[27] 林江. 我国税收征管体制改革探索与创新 [J]. 会计之友, 2016 (17).

[28] 邓美珍. 我国自贸区税收优惠政策的不足及其改革路径 [J]. 理论观察, 2016 (11).

[29] 武汉市地方税务局课题组. 我国自由贸易区税收政策研究 [J]. 学习与实践, 2016 (1).

[30] 张国钧. 找准税收服务湖北自贸区建设的着力点 [J]. 政策, 2016 (12).

[31] 王成虎. 自贸区融资租赁业务税收政策研究 [J]. 商业会计, 2016 (8).

[32] 黄晓珊. 各国自贸区税收优惠政策比较研究 [J]. 国际税收, 2017 (10).

[33] 林利, 谢春来, 冯雪梅. 融入"一带一路"战略, 促进内陆自贸区发展 [J]. 国际税收, 2017 (7).

[34] 四川天府新区成都管理委员会地方税务局课题组. 税

收促进自贸区创新经济发展研究［J］．国际税收，2017（7）．

［35］李志天．我国自贸区海关税收优惠政策定位与完善［J］．对外经贸实务，2017（11）．

［36］崔格豪．我国自贸区融资租赁业务现行税收制度及对辽宁自贸区的启示［J］．商业会计，2017（19）．

［37］陈志军，朱春发．自贸区离岸业务税收政策的国际经验与启示［J］．国际税收，2017（10）．

［38］四川天府新区成都管委会地方税务局课题组．"营"在自贸区——"放管服"背景优化自贸区税收营商环境的国际借鉴［J］．国际税收，2018（6）．

［39］余鹏峰．激励与约束：税法规制自贸区金融创新的理路［J］．税务与经济，2018（1）．

［40］李宁．浅析我国自贸区税收政策［J］．北方经贸，2018（4）．

［41］沈杭，冯瑶．全国政协委员殷兴山：建议出台中国（浙江）自贸区油品企业所得税税收优惠政策［N］．金融时报，2018-3-20（5）．

［42］谢飞．上海自贸区离岸金融税制设计——基于税收优惠程度实证分析视角［D］．［硕士学位论文］．上海海关学院，2017．

［43］刘叶子．天津自贸区与釜山港自贸区税收政策比较分析［D］．［硕士学位论文］．湖南大学，2017．

［44］中华人民共和国商务部官方网站．

［45］我国各自由贸易试验区官方网站．